망치를 든 철학자
니체
vs.
불꽃을 품은 철학자
포이어바흐

망치를 든 철학자 니체 vs.
불꽃을 품은 철학자 포이어바흐
ⓒ강대석 2016

초판 1쇄 발행일 2016년 7월 6일

지 은 이 강대석

출판책임 박성규
기획실장 선우미정
편집진행 구소연
편   집 유예림
디 자 인 김지연 · 이수빈
마 케 팅 석철호 · 나다연
경영지원 김은주 · 박소희
제   작 송세언
관   리 구법모 · 엄철용

펴 낸 곳 도서출판 들녘
펴 낸 이 이정원
등록일자 1987년 12월 12일
등록번호 10-156
주   소 경기도 파주시 회동길 198
전   화 마케팅 031-955-7374   편집 031-955-7381
팩시밀리 031-955-7393
홈페이지 www.ddd21.co.kr

I S B N 979-11-5925-173-3 (43100)

이 도서의 국립중앙도서관 출판예정도서목록(CIP)은 서지정보유통지원시스템 홈페이지(http://seoji.nl.go.
kr)와 국가자료공동목록시스템(http://www.nl.go.kr/kolisnet)에서 이용하실 수 있습니다.(CIP제어번호:
CIP2016015793)

망치를 든
철학자

니체

장가계
철학포럼

포이어바흐

불꽃을 품은
철학자

강대석 지음

들녘

차례

현대철학의 두 거장을 만나기 전에

19세기 초반과 후반, 현대철학을 이끌어준 두 철학자가 등장했다. 바로 포이어바흐와 니체다. 이들은 고독한 사색 속에서 인류의 미래를 응시하려 하였다. 포이어바흐는 한적한 시골의 도자기 공장 서재에서 책과 씨름했고, 니체는 온화한 이탈리아와 프랑스의 해안을 산책하면서 종래의 가치를 파괴하는 싸움을 이어나갔다. 목표와 방식은 달랐지만 이들은 다 같이 삶에 대한 사랑으로부터 철학을 시작하였다. 이들이 사랑한 삶은 개인의 삶이 아니라 인류의 삶이었고 내세의 삶이 아니라 현세의 삶이었다. 그러므로 이들은 현세의 삶을 약화시키는 종교에 결연한 도전장을 던졌다.

철학을 전공하지 않지만 철학이 궁금한 독자들을 위해 집필된 이 책에서 필자는 두 철학자가 만나 토론하는 형식을 통해 이들의 생애와 사상을 형상적으로 전달하려 하였다. 일종의 예술적인 철학인 셈이다. 포이어바흐와 니체의 생각을 통해서 독자들은 유물론과 관념론이라는 서양철학의 두 흐름을 이해할 수 있고 동시에 이 두 철학자가 현대철학에 미친 영향도 파악하게 될 것이다. 포이어바흐의 철학은 맑스주의에, 니체의 철학은 실용주의와 실존주의에 커다란 영향을 미쳤다. 즉, 이들의 철학을 모르는 것은 현대사상을 온전하게 이해하지 못하는 것과 마찬가지다.

필자는 이 책의 형식에서는 예술적인 상상력을 동원했지만 철학 내용은 객관적 진실에 맞추려고 노력하였다. 독자들은 물론 스스로 판단하고 비판해야 한다는 사실을 항상 잊어서는 안 된다.

철학은 전공자들의 전유물이 아니다. 철학은 인생을 보람 있게 살아가고자 하는 모든 사람들에게 많은 도움을 준다. 과학 문명이 발전하고 인간관계가 복잡해질수록 사람들에게는 확고한 세계관이 필요하다. 하나밖에 없는 우리의 귀중한 삶을 만드는 것은 우리 자신뿐이다. 다시 말하면 우리는 모두 자신의 운명을 결정하는 삶의 주인인 셈이다. 포이어바흐와 니체도 그것을 특히 강조하였다. 아무쪼록 이 책이 나름대로 보람찬 인생을 건설하려는 젊은이들에게 조금이나마 도움이 되기를 바란다.

끝으로 어려운 여건에도 불구하고 출간을 기꺼이 맡아준 들녘출판사, 꼼꼼한 편집과 교정으로 이 책의 질을 훨씬 더 높여준 구소연 편집자에게 진심으로 감사를 드린다.

대전 식장산 아래서, 저자

사회자(강물)

1943년 출생한 한국의 철학자, 국제포이어바흐학회 창립회원이다.

포이어바흐(Ludwig Feuerbach, 1804~1872)

헤겔 좌파에 속하는 유물론자이다. 기독교를 비판하였고 맑스와 엥겔스에게 많은 영향을 미쳤다. 『죽음과 불멸성에 관한 고찰』의 저자로 밝혀지면서 뛰어난 학문적 성과에도 불구하고 교수직을 박탈당한 채 재야철학자로 평생을 보냈다. 그는 처음에는 관념론자였으나 후에 인간학의 관점에서 헤겔의 신학을 비판하면서 인간주의적 유물론을 확립하였다. 말년에 아내가 운영하던 도자기 공장이 파산하면서 곤궁한 생활을 이어가던 끝에 쓸쓸히 세상을 떠났다.

니체(Friedrich Wilhelm Nietzsche, 1844~1900)

실존철학의 선구자이다. 니체는 사회주의를 노예도덕으로 간주하였는데, 지배계급의 독재지배를 군주도덕으로 높이 내걸어 권력에의 의지를 강조하였다. 그는 처음에 신학을 전공하였으나 헌책방에서 쇼펜하우어의 『의지와 표상으로서의 세계』를 읽고 철학의 세계에 깊이 발을 들이게 된다. 20세기를 뒤흔든 혁명적 사상가로 평가받고 있지만 생전에는 너무 과격했던 글을 썼던지라 고독한 삶을 살았다. 몸이 나빠지면서 교수직을 그만두고 말년에는 저술에 몰두했는데 결국 정신질환으로 쓰러진 후 회복하지 못해 생을 마감했다.

헤겔(Georg Wilhelm Friedrich Hegel, 1770~1831)

독일관념론을 완성한 철학자로 서양철학사에서 가장 영향력 있는 인물 중 한 명으로 꼽힌다. 하이델베르크, 베를린 대학 등에서 교수 생활을 했는데, 서른일 곱 살 때 하숙집 부인과 불륜을 맺고 그때 태어난 사생아 때문에 교 수직에서 쫓겨나기도 했다. 하지만 그의 철학과 강의는 인기가 많았 는데 '칸트 이전의 모든 철학은 칸트에게 흘러들어와 독일 관념론이 라는 호수에 고였다가 헤겔을 통해 흘러나갔고 이후 모든 사상의 원천이 되었다'는 말이 생길 정도로 그의 사상은 후대에 많 은 영향을 미쳤다. 헤겔 추종자들은 그가 사망한 후에 헤 겔 우파와 헤겔 좌파로 나뉘었는데, 헤겔 좌파의 대표적 인물이 바로 맑스이다. 맑스는 헤겔의 사상에서 영감을 얻어 역사적 유물론을 발전시켰다.

맑스(Karl Marx, 1818~1883)

독일의 경제학자이자 정치학자이며, 철학자이다. 독일 관념론과 공상적 사회주의 및 고전경제학을 비판하며 과학적 사회주의를 창시했다. 현대 사회 정치사를 이해하는 데 빼놓을 수 없는 사상가이지만 살아생전 그 는 가난했다. 맑스는 결혼하여 여섯 명의 자녀를 두었는데 그중 둘 이 지독한 가난으로 일찍 죽었다고 한다. 맑스는 1843년 파리로 망명하여 평생 친구이자 동지인 엥겔스를 만나게 된다. 하지 만 그곳에서도 혁명가라는 낙인 때문에 추방당하고 만다. 이후 그는 엥겔스의 도움으로 대표작『자본론』을 저술하게 되는데, 1867년 제1권을 출판하고 그가 죽은 후 엥겔스의 노 력으로 2~6권이 출판되었다.

엥겔스(Friedrich Engels, 1820~1895)

독일의 경제학자이자 철학자로 맑스와 협력하여 과학적 사회주의와 사적 유물론을 창시했다. 유럽 노동운동의 중심인물로 꼽는다. 그는 젊은 시절부터 사회 개혁에 관심이 많았으며 사회 운동에 적극 참여하였다. 베를린에 체류할 때 청년 헤겔파의 일원이 되었다. 1842년 아버지가 운영하던 공장에서 근무하면서 영국 노동자 계급의 실상을 접하며 자본주의의 모순에 눈을 뜬다. 영국에서 귀국 도중에 파리에서 맑스와 만나게 되고 이후 우정을 이어나가게 되는데 그는 나중에 『공산당 선언』의 초안인 「공산주의의 원리」를 쓰기도 했다. 독일 혁명에 참가했으나 실패하여 다시 공장으로 돌아가 저술 활동을 이어갔고, 이후 런던에서 맑스와 함께하며 그의 사후에 『자본론』 2~6권이 출간되는 것을 도왔다.

노신(魯迅, 1881~1936)

중국의 소설가로 그의 작품에는 민중애와 투쟁 정신이 흐른다. 대표작으로는 『아큐정전』이 있다. 노신은 필명으로 1918년에 처음 사용했다. 그는 잡지를 통해 정치적 운동권에 적극 가담했는데, 1930년에 좌익작가연맹이 성립되자 지도적 입장에서 활약하였다. 그는 좌익작가연맹 때문에 국민당에 수배되어 도피생활을 하기도 했다. 중국문학의 아버지로 불리지만 정작 그가 남긴 문학작품 수는 얼마 되지 않는다. 중편 1편, 단편 32편으로 그 수준도 들쑥날쑥해 심지어 노신 본인이 순수 창작에서는 능력의 한계를 시인하기도 했다. 하지만 그의 작품과 사상이 현대 중국문학에 끼친 영향은 부인할 수 없다.

야스퍼스(Karl Jaspers, 1883~1969)

독일의 실존 철학을 체계적으로 전개한 철학자. 가르치기 좋아하는 성격 탓에 욕을 먹기도 했지만 나치에 저항하며 자신의 철학적 정신을 확고히 정립해나 갔다. 규칙적인 일과를 유지하여 88세까지 장수한 것으로도 유명한데 '일곱 시 또는 여덟 시에 일어나 똑같은 시간에 식사를 하고, 점심 후에는 편안하게 쉬되 낮잠을 자지 않는다. 그리고 밤 열 시 반에 잠자리에 든다'는 규칙을 꼭 지켰다고 한다. 하이델베르크대학에서 쓴 『철학』(3권)으로 세계적인 명성을 얻었지만 히틀러가 정권을 잡자마자 아내가 유대계라는 이유로 교수직을 박탈당한다. 나라로부터 압박을 받았지만 국내에 머물며 끝까지 아내의 곁을 지켰고, 힘든 상황에서도 희망을 놓치지 않고 『진리론』과, 『위대한 철학자들』을 저술했다.

사르트르(Jean-Paul Sartre, 1905~1980)

프랑스 실존주의철학의 중심에 있었던 철학자이자 작가로 1964년 노벨문학상 수상자로 결정되었으나 거절했다. 어린 시절 그는 외가에서 자랐는데 그의 외할아버지는 슈바이처 박사의 친할 아버지였다. 그는 상대방의 이야기를 귀담아 듣고 그 의도를 잘 파악하여 누구에게나 인기가 많았다고 한다. 제2차 세계대전 때는 레지스탕스에 가담하였다 체포되어 전쟁 포로가 되기도 하고, 베트남 전쟁에 반대하는 운동을 벌이기도 했다. 보부아르와는 계약결혼으로 자유로운 연애를 추구하며 정식으로 결혼하지는 않았지만 서로의 원고를 가장 먼저 읽고 검토할 정도로 서로에게 의지했다고 한다.

일러두기

- 책의 내용상 사회자는 저자이다. 이 토론이 중국에서 진행되는 이유는 포이어바흐 전집이 번역되어 있는 중국에 비해 한국은 포이어바흐에 관한 토론을 할 수 있는 풍토가 마련되어 있지 않았기 때문이다. 또한 유럽에서 토론이 개최된다면 한국이나 중국은 당연히 제외되었을 것이라 생각하고 중국의 장가계(張家界)를 토론장으로 선택했다. 장가계의 야외극장이 세계적인 토론을 할 수 있는 적합한 장소인 점도 한몫했다.

- 토론 당사자인 포이어바흐와 니체, 그리고 명망 있는 철학자들이 스스로를 지칭할 때 '나'를 사용하는데 이는 그들에 대한 저자의 존경을 담은 표시다.

- 고유명사 표기는 별로 도움이 되지 않는다고 판단하여 특별한 경우를 제외하고 생략했다.

- 마르크스의 경우 독일어 발음에 가까운 '맑스'로 표기하였다. 우리말로 원음에 가까운 표기가 가능한데 관용적인 표기라는 이유로 일본식 표기를 따라야 할지 의문이 생겼기 때문이다. 다만 다른 인명에서는 관용적인 표기법을 따른다.

- 니체의 저작 『차라투스트라는 이렇게 말했다』의 경우 외래어 표기법에 따라 '자라투스트라–'라고 표기하지 않고 대중에게 익숙한 발음인 '차라투스트라–'로 표기했다.

- 중국 인명과 지명 표기는 한국에서 발음되는 한자 음대로 표기하였다. 따라서 루쉰은 '노신', 장쯔이는 '장자이'로 표기했으니 참고 바란다.

- 본문에서 다소 민감한 발언을 하고 있는 철학자들이 있다. 이는 전적으로 해당 인물의 살아생전 성향을 고려했거나 그들이 실제로 했던 표현이라는 점을 밝힌다.

- 독자의 이해를 돕기 위해 본문 말미(178쪽)에 철학용어(본문에서 *표시) 일부를 간략하게 설명하였다.

- 철학자들의 토론 중 독자들이 더 이야기해보면 좋을 부분에는 💬 표시를 해두었다. 181쪽에 따로 토론의 장을 마련해두었으니 함께 토론해보자.

천문산을 수놓은 철학의 별들

사회자 고대에서 현대까지, 그리고 동양과 서양은 물론 세계 방방
곡곡으로부터 이곳을 찾아주신 수많은 방청객 여러분 반갑습니다.
지금부터 여러분을 모시고 여기 아름답고 유서 깊은 중국의 장가
계 천문산 야외극장에서 이틀에 걸쳐 포이
어바흐와 니체 선생님의 토론회가 열리겠
습니다. 저는 사회를 맡은 한국에서 온 철학자
강물입니다. 그럼 먼저 토론의 당사자인 포
이이비흐 선생님과 니체 선생님을 소개하
겠습니다. 두 분 앞으로 나와주십시오.
청중 여러분께서는 뜨거운 박수로 맞
아주시기 바랍니다.

(우레와 같은 박수가 천문산 골짜기를 가득 메운다.)

니체(Friedrich Wilhelm
Nietzsche, 1844~1900)

지금 온 세계 사람들이 이 토론을 주목하고 있으며 특히 이 토론과 관계되는 고금 동서의 철학자들이 인터넷 앞에서 질문을 하려고 기다리고 있습니다. 그리스의 현자 소크라테스 선생님, 플라톤을 비판하면서 그리스 철학을 정상에 올려놓은 아리스토텔레스 선생님, 중세 철학의 거장 토마스 아퀴나스 선생님, 우주의 무한성을 주장하다가 종교재판에 의해 화형을 당한 브루노 선생님, 근세 철학의 여명을 열어준 프란시스 베이컨 선생님, 프랑스 계몽주의철학을

포이어바흐(Ludwig Feuerbach, 1804~1872)

대표하는 볼테르와 루소 선생님, 프랑스대혁명의 이념을 주도한 디드로와 홀바흐 선생님, 독일 고전철학의 거두이신 칸트와 헤겔 선생님, 염세주의철학자 쇼펜하우어 선생님, 급진적인 혁명이론으로 세계를 변혁하려 했던 맑스와 엥겔스 선생님, 미국 실용주의철학을 대표하는 듀이 선생님, 러시아 최초의 맑스주의자 플레하노프 선생님, 현대 프랑스사상을 이끌었던 카뮈와 사르트르 선생님, 독일 실존철학의 거두 하이데거와 야스퍼스 선생님 등이 대표적인 예입니다. 그 외에도 현재 생존하고 계신 많은 나라의 철학자들이 이 토론을 지켜보고 있습니다. 필요한 경우에는 이들에게도 질문을 통하여 스스로의 견해를 피력할 수 있는 기회를 드리겠습니다. 현상

16

학을 연구하는 철학자들, 실증주의철학자들, 분석철학자들은 세계
관의 문제가 중심이 되는 이 토론이 별 의미가 없다고 생각하여 참
여를 거절했습니다.[1] 매우 유감스러운 일입니다.

1 일반적으로 이들은 세계관으로서의 철학이 불가능하거나 불필요하다고 주장한다.

장가계 삼림공원은 중국 최초 산림 보존지역이다. 우리기 익히 알고 있는 무릉도원의 실제 무대가 바로 이곳이다. 세계 철학의 지성들이 모여 견해를 논하기에 손색이 없다(상).

천문산 케이블카에서 바라본 통천대도(通天大道)의 모습. 하늘을 향해 구불구불 올라가는 길이 인상적이다(하).

01

철학자가 살았던 세상

강물[2] 우선 두 분 철학자님께서 간단하게 자기소개를 해주시기 바랍니다. 미비한 점은 질문을 통해서 보충하겠습니다. 먼저 연장자이신 포이어바흐 선생님께서 시작해주십시오.

F 안녕하십니까? 나는 1804년 7월 28일, 독일 남부에 있는 작은 마을 란츠후트(Landshut)에서 법률가의 아들로 태어났습니다. 할아버지는 변호사였고 아버지도 철학박사는 물론 법학박사 학위까지 받은 형법학자였지요. 나는 고등학교를 졸업한 후 하이델베르크 대학 신학과에 입학하였으나 학업에 만족하지 못했습니다. 그러다 당시 지도교수의 영향으로 철학에 관심을 가지게 되었고 베를린 대

---

[2] 지금부터 사회자는 '강물', 포이어바흐는 'F', 니체는 'N'으로 표시한다.

학으로 옮겨 가 헤겔의 강의를 듣고 감동하여 전공을 철학으로 바꾸었어요.

「유일하고 보편적이고 무한한 이성」이라는 제목의 논문으로 박사학위를 받았고 비슷한 주제로 저술하여 교수자격을 인정받아 에어랑겐 대학에서 강의를 맡게 되었답니다. 하지만 익명으로 출간한 나의 저술『죽음과 불멸성에 관한 고찰』(1830) 때문에 정식으로 교수가 될 수 있는 길이 막혀버렸죠. 이 책에서 나는 '인간은 죽음과 함께 모든 것이 끝나고 영원히 남는 것은 인간 종족뿐이다'는 사실을 주장했는데 그러한 이념은 개인의 영혼이 불멸한다는 종교의 주장과 어긋났기 때문입니다. 당시 독일에서는 대학은 물론 사회 전반에 걸쳐 종교의 영향이 컸어요. 때문에 많은 철학자들이 교수가 되기 위해 종교를 인정하거나 적어도 종교와 배치되지 않은 철학을 해야 했지요. 종교적인 색채가 짙은 칸트, 셸링, 헤겔의 철학이 그것을 잘 말해줍니다. 무신론*적이거나 유물론*적인 철학자들은 대학에 발붙이기가 어려웠어요. 나는 이 책이 종교 비판이라는 의미에서뿐만 아니라 독일 시민계급에게 자신감과 낙관주의를 불러일으켰다는 점에서 매우 중요한 역할을 했다고 자부합니다.

대학에 발붙이는 일을 포기한 나는 연구와 저술에만 몰두했습니다. 다행히 한 시골의 도자기공장을 운영하는 아가씨를 만나 결혼하고 그곳에서 자유롭게 저술을 할 수 있었지요. 나의 대표적인 저술은 『기독교의 본질』이며 후에 하이델베르크 학생회의 초청으로

Gedanken
über
Tod und Unsterblichkeit
aus den
Papieren eines Denkers,
nebst
einem Anhang
theologisch-satyrischer Xenien,
herausgegeben
von
einem seiner Freunde.

Nürnberg, 1830.
Bei Johann Adam Stein.

Das Wesen
des
Christenthums
von
Ludwig Feuerbach.

Zweite vermehrte Auflage.

Leipzig,
Verlag von Otto Wigand.
1848.

「죽음과 불멸성에 관한 고찰」 초판(좌) 「기독교의 본질」 초판(우)

강연한 내용을 담은 『종교의 본질에 대한 강의』도 앞의 저술 못지 않은 중요한 내용을 지니고 있습니다.

강물 다음으로 니체 선생님께 부탁드립니다.

N 나는 포이어바흐 선생이 태어난 해로부터 40년 뒤인 1844년 10월 15일에 독일 라이프치히 근처에 있는 뢰켄(Röcken)이라는 작은 마을에서 목사의 아들로 태어났습니다. 할아버지도 목사였고 외할아버지도 목사였지요. 내가 5살 되던 해 아버지가 병으로 세상을 떠났습니다. 그때부터 나는 할머니, 어머니, 두 고모, 여동생, 하녀 등 6명의 여인들 속에 사는 유일한 남자가 되었답니다.

제 어머니는 독실한 기독교 신자였습니다. 덕분에 저는 종교적인 분위기에서 자랐고 교육도 종교적인 색채가 짙은 학교에서 받았지요. 그러나 보다 자유로운 인문학, 예술, 철학을 접하게 되면서 자연스레 종교에 반감을 갖게 되었습니다. 결국 어머니의 소원대로 본(Bonn) 대학 신학과에 입학했지만 신학과 함께 문헌학을 전공과목으로 택했죠. 자연스레 제 관심은 문헌학 쪽으로 기울어졌고 지도교수를 따라 라이프치히 대학으로 옮겼습니다.[3]

라이프치히로 옮긴 지 얼마 안 되어 내 운명을 뒤바꾼 사건이 일

---

3 독일에서는 의학 등 특별한 경우를 빼고는 학기에 따라 대학을 마음대로 옮길 수 있다.

뉘른베르크에 있는 포이어바흐의 무덤(좌)과 뢰켄에 있는 니체 가족의 무덤(우)

어났습니다. 헌책방에서 우연히 쇼펜하우어의 『의지와 표상으로서의 세계』를 발견한 것이죠. 그날 이후로 쇼펜하우어는 나의 철학적인 스승이 되었습니다. 얼마 뒤 쇼펜하우어의 철학을 높이 평가한 음악가 바그너를 라이프치히에서 만났습니다. 처음에 나는 바그너를 숭모하였으나 결국 예술 문제를 둘러싸고 의견이 갈라져 결별했지요.

나는 운이 좋아 박사학위를 받지 않고서도 그간의 연구업적을 인정받아 25세의 나이로 스위스 바젤 대학 문헌학과 교수로 채용되었습니다. 그러나 건강이 좋지 않아 10년 후에 사직하고, 날씨와 경치가 좋은 이탈리아와 남쪽 프랑스를 전전하면서 저술에 몰두했습니다. 나의 주저는 물론 『차라투스트라는 이렇게 말했다』입니다만 『선악의 피안』, 『반기독교도』 같은 저술에서도 매우 중요한 문제들을 다루었습니다.

강물 감사합니다. 그러면 이제 두 분의 생애와 연관하여 보충 질문을 하겠습니다. 부친의 직업과 성향이 반영된 가정환경이 선생님들의 철학에 어떤 영향을 미쳤습니까?

F 나의 아버님은 법관이었는데 상당히 진보적인 성향이었습니다. 다시 말하면 봉건제 폐지를 위한 정치적 투쟁에 관심을 보였으며 시민법의 제정에도 참여하였지요. 그 때문에 아버지는 귀족층의 미움을 사기도 했지만 규율을 존중하며 자제력을 잃지 않고 자신의 의지를 관철했습니다. 아버지는 합리적이고 이성적인 개혁을 통한 시민사회로의 발전을 염원한 것 같습니다.

아버지의 영향으로 나 또한 모든 사태를 냉정하게 분석하면서 합리적으로 비판하는 법을 체득하게 되었죠. 일생동안 종교가 나의 연구와 비판의 대상이 되었는데 나는 종교비판에서도 결코 흥분하거나 과격하지 않았고 차분하게 종교의 모순을 논리적으로 밝혀내는 데 심혈을 기울였습니다.

포이어바흐의 아버지,
독일의 유명한 형법학자인
안젤름 리터 폰 포이어바흐

N 나의 아버님은 목사였고 특히 피아노를 잘 쳤습니다. 목사의 딸이었던 어머니는 아버지의 피아노 솜씨에 감동하여 결혼했다고 해

요. 종교는 이성보다도 믿음을 강조하며 감정에 더 많이 의존합니다. 아버지도 논리적인 분석보다는 스스로의 신념에, 변화보다는 현상 유지에 더 비중을 둔 것 같습니다. 당시는 시민혁명이 무르익어가던 시기였는데도 아버지는 전혀 동요하지 않고 스스로와 가정을 이 흐름으로부터 차단하려 노력했지요. 나도 고등학교 시절에는 논리적인 철학보다는 감성적인 예술에 더 많은 관심을 쏟았습니다. 친구들과 문학 서클을 만들어 열심히 참여하였고 시도 쓰고 작곡도 했습니다. 대학에서는 문헌학을 전공하면서 그리스 예술에 심취하기도 했죠. 그 결과로 나온 나의 첫 저술이 그리스 예술의 발전 원리를 다룬 『비극의 탄생』입니다.

나 역시 훗날 종교 비판을 중심으로 하는 책을 저술했습니다만 포이어바흐 선생처럼 냉정하지 못했답니다. 논리적으로 분석하는 대신 화가 나 입에 거품을 물고 욕을 많이 했거든요. 지금 생각하면 좀 미안한 마음이 들지만 철저한 것을 추구했던 나의 성격상 어쩔 수 없는 일이었습니다.

철학자들에게 영향을 준 사건

강물 아울러 당시의 사회환경이 선생님들의 철학에 미친 영향에 관해서 말씀해주세요.

F 내 생애에서 가장 중요한 역사적 사건은 1848년 3월에 시작하여

이듬해까지 계속된 독일 시민혁명이었습니다. 영국이나 프랑스에 비해서 독일의 시민계급은 빨리 성숙하지 못했고 시민혁명도 늦게 일어났어요. 당시 독일은 정치적으로 통일이 되지 못하고 군소 군주국으로 분산되어 있었는데 여기저기에 봉건적 잔재가 있었습니다. 독일 시민혁명이 일어났을 때 내 나이는 44살이었습니다. 혁명적이라고까지는 말할 수 없지만 진보적이었던 우리 가족은 봉건 잔재를 척결하려는 사회 변화의 물결에 냉담할 수 없었고 그 때문에 어려움도 많이 겪었답니다.

베를린 대학에서 공부할 때는 공안청에 불려갔던 적도 있습니다. 우리 형제들이 반정부 비밀단체의 회원이라는 정보가 공안청에 들어갔다더군요. 나는 신분증을 빼앗기고 대학 등록을 보류해야만 했습니다. 결국 무혐의가 입증되어 신학부에 등록할 수 있었지만 안타깝게도 가족을 잃고 말았지요. 에어랑겐 대학의 수학교수였던 형이 경찰에 체포되어 조사를 받다가 감옥에서 자살을 여러 번 시도하였고, 결국 정신이 쇠약해져 34살의 나이로 감옥에서 사망했거든. 그 일이 있은 후 나는 시골에 파묻혀 시민혁명에 직접 참여하지 않았습니다만 이 혁명을 마음속으로 항상 지지하였습니다. 공안의 탄압 때문에 나는 정부를 비판하는 정치적인 저술보다는 종교를 비판하는 저술을 통해 종교와 야합하고 있던 군주제에 타격을 주려 했습니다.

1848년 3월 19일, 베를린 혁명 봉기

N 제 인생의 중심에 놓여 있었던 사건을 꼽자면 1871년, 그러니까 내 나이 27살 때 맞이한 독일 통일이 아닐까 합니다. 이 시기에 독일은 이미 봉건주의를 벗어나 자본주의로 나아가고 있었습니다. 그러므로 나는 포이어바흐 선생과 달리 민주적인 시민혁명에 별 관심이 없었어요. 오히려 철혈재상이었던 비스마르크에 의한 위로부터의 통일을 마음속으로 지지했습니다.

철혈재상 비스마르크(1871), 독일의 정치가로 1862년 프로이센의 수상으로 임명되었다. 1871년에 독일 통일을 완성한 후, 밖으로는 유럽 외교의 주도권을 장악하고, 안으로는 가톨릭과 사회주의 운동을 탄압하였다.

이 시기 독일에는 공장이 생겨나고 대자본가들이 나타났습니다. 이에 따라 노동자도 생기고 노동운동도 발생하였으며 그것을 지지하고 이끌어가는 철학도 나타났지요. 나는 강인한 무력을 밑받침으로 하는 독일의 정신이 어중이떠중이 노동자들의 단합운동에 의해서 방해를 받지는 않을까 걱정되었습니다. 비스마르크가 민중의 투쟁에 겁을 먹고 한발 물러서 민주적인 조치를 취했을 때 나는 그를

니체(오른쪽)와 친구들(1871)

비판했습니다. 나는 그리스 예술관은 물론 고대와 근세의 정신을 총동원하여 민중이 중심이 되는 민주주의나 사회주의보다 귀족과 무사, 엘리트가 중심이 되는 군국주의가 인류의 발전을 옳은 방향으로 이끌어갈 수 있다는 신념을 철학적으로 제시하려 했습니다.

강물 감사합니다. 두 선생님의 정치관과 사회관을 이해하게 되었습니다.

강물 분위기를 좀 가라앉히는 의미에서 선생님들이 어린 시절에 지녔던 습관이나 취미 혹은 특별히 잊히지 않는 일화에 대해서 이야기해주시면 고맙겠습니다. 이번에는 니체 선생님께서 먼저 시작해주실까요?

N 나는 어렸을 때부터 몸이 약했습니다. 시력이 매우 나빴고 편두통을 앓았습니다. 이 편두통 때문에 제가 교수직까지 그만두었던 사실은 유명하지요. 어머니는 내 건강을 염려하여 나에게 비타민이 들어 있는 과일, 채소, 밀가루 음식 등을 많이 먹였고 고기를 적게 먹었습니다. 술은 입에 아예 대지도 못하게 했지요. 어머니는 내가 수영, 스케이트, 썰매타기 같은 것을 일찍부터 배우도록 주선해주었습니다.

나는 말이 없고 고집이 세어 무엇인가 마음에 들지 않으면 뒤로 발딱 넘어져 발을 동동 구르기도 하고, 원하는 것을 얻지 못할 때는 심한 저항을 하기도 했습니다. 하지만 어린이 답지 않은 면도 있었어요. 신중하고 얌전했던 성격이었던 나는 학교에 입학하고 다른 아이들의 거친 세계에 적응하지 못하여 어렸을 때부터 다소 '왕따'

를 당했는데, 어린 친구들은 그런 나를 '꼬마 목사'라 불렀습니다.

초등학교 저학년 시절의 이야기입니다. 학교를 마치고 집으로 돌아오던 어느 날 갑자기 소나기가 내렸지요. 다른 아이들은 허겁지겁 집으로 달려갔는데 나는 수건으로 머리를 가리며 빗속을 유유히 걸었습니다. 허둥대지 말고 항상 침착하라고 가르친 선생님의 말이 생각났기 때문입니다. 기숙사에서 생활했던 고교시절에는 말썽을 부리기도 했어요. 당번을 서면서 보고서를 기록할 때 농담 섞인 말을 끼어 넣었는데, 이 일 때문에 나는 산책도 못 가고 3시간 동안 벌을 받았답니다. 여하튼 나는 주위 사람들이 하라는 대로하는 착하고 평범한 학생은 아니었던 것 같습니다.

F 나는 학생 시절에 비교적 얌전했던 것 같습니다. 관례에 따라 말썽 없이 학교에 다녔지요. 고등학교 시절에 나를 사로잡은 것은 과학이나 철학이 아니라 종교였습니다. 나는 종교 연구를 내 일생의 직업과 목적으로 삼으려 하였고 신학자가 되기로 마음먹었지요. 그러나 후에 아버지의 의도를 거역하고 철학으로 눈을 돌렸습니다.

우리 가문에는 한 번 결심한 일을 끝까지 관철하는 고집이 있었답니다. 나는 어렸을 때부터 펜싱, 달리기, 승마를 배웠으며 다른 청소년들처럼 긴 도보여행이나 방랑도 즐겼어요. 그러나 베를린 대학에서 헤겔연구에 심취하면서부터는 이 모든 취미생활을 접고 오직 연구에만 몰두했지요. 특히 술, 결투, 여행을 멀리했습니다. 그

LOUIS HELD. WEIMAR
Hof-Photograph.

17세의 니체(1861)

시절에는 밥 먹고 강의를 듣고 도서관에 가는 일이 전부였습니다.

강물 두 분 선생님께서는 일평생 저술에만 몰두하셨기 때문에 말년의 이야깃거리는 많지 않을 것 같습니다. 그래도 선생님들께서 겪었던 여성에 얽힌 일화가 있을 텐데요. 좀 자세하게 이야기해주시면 고맙겠습니다.

N 나는 여동생 엘리자베트를 무척 사랑해서 유년 시절에는 여동생이 유일한 여자 친구였습니다. 본 대학에 입학했을 때 화려한 이웃 도시 쾰른으로 구경을 간 일이 있었는데요. 하루 종일 쏘다니다

니체의 여동생,
엘리자베트 니체(1894)

가 저녁이 되어서야 식당을 찾았답니다. 그런데 내가 들어간 곳은 아가씨들이 즐비한 유곽이었습니다. 식당을 잘못 찾아간 거죠. 나는 정신을 차리고 문 옆에 놓여 있는 피아노에 앉아 한 곡을 연주한 후 유유히 그곳을 떠났습니다. 라이프치히 대학에서 공부할 때에는 연극을 본 후 여주인공에 반해서 짝사랑을 하기도 했어요.
바젤 대학 교수로 재직할 때는 이런

일도 있었습니다. 그 당시 저는 바젤과 가까운 루체른에 살고 있던 바그너의 집을 자주 방문했습니다. 당시 바그너는 그의 친구 리스트의 딸이자 지휘자 빌로우의 부인이었던 코지마와 사랑에 빠져 그녀와 루체른에서 동거 중이었습니다. 코지마는 나를 동생처럼 대해주었고 나도 코지마를 누나처럼 생각했지요. 훗날 이념 차이로 나와 바그너가 갈라서자 사람들은 마치 나와 코지마, 바그너 사이에 삼각관계라도 있는 것처럼 오해했는데 그것은 사실과 다릅니다. 코지마의 외모는 내가 좋아하는 인상과는 거리가 멀었답니다.

내가 최초로 구혼을 한 여자는 따로 있습니다. 32살 되던 1876년 봄에 나는 스위스 제네바에 머물고 있었는데요. 호숫가를 산책하다가 네덜란드 출신인 트람페다흐라는 여인을 우연히 만났습니다. 그녀와 4시간 동안 같이 산책한 후 헤어졌는데 나는 그날 밤 이 아가씨에게 구혼의 편지를 썼지요. 물론 이처럼 성급한 구혼이 받아들

리하르트 코지마와 바그너(좌), 루체른 근교의 트립센에 있는 바그너의 저택(1866-1872)(우)

여질 리가 없었고요. 너무 성급했다고 말하는 여동생에게 나는 오히려 잘되었는지도 모른다고 대답했어요. 그때부터 나는 나와 같은 고독한 철학자에게 인습적인 결혼은 짐 혹은 비겁한 타협이 될 수 있다고 생각하였습니다. 그래서 결혼을 포기하고 철학적인 저술에만 몰두했지요.

나의 저술은 많은 사람들의 비판을 받았지만 몇몇 사람은 매우 높이 평가해주었습니다. 이 몇몇 사람 가운데 하나가 마이센부크 여사였습니다. 나보다 28살 연상이었고 자유로운 사상가였던 이 노처녀는 나의 처녀작 『비극의 탄생』이 나온 후 절대적으로 나를 지지해주는 후원자가 되었답니다. 그녀는 귀족 가문 출신이었는데 1848년의 독일혁명 때 민중의 편을 들었고 대학에 다니면서 노동 운동과 여성운동에도 가담하였습니다. 1859년에는 정치적인 이유로 베를린에서 추방되어 영국, 프랑스, 이탈리아로 전전하기도 했지요. 바그너와도 친숙한 그녀는 『한 이상주의 여성의 회고록』이라는 책을 쓰기도 했습니다. 바그너와 마이젠부크는 나의 건강을 염려하여 내가 결혼하는 것이 좋겠다고 생각했습니다. 또한 나의 신부가 되기에 가장 적합한 사람은 돈이 많고 헌신적인 여자라는 결론을 내린 것 같았습니다. 그런데 그런 여자를 찾기가 어디 쉬운 일입니까? 아무튼 마이젠부크는 1882년에 나를 로마로 불러 한 지적인 아가씨를 소개해주었는데 그녀가 바로 유명한 루 살로메였습니다.

살로메는 러시아 장군의 딸로 태어나 문학과 철학을 사랑한 지

니체(오른쪽)와 루 살로메(왼쪽)(상)
그녀는 당대 유럽 최고의 지성인들을
매혹시킨 여인이다.

적이고 자유분방한 여자였습니다. 살로메에게는 이미 애인이 있었으나 그는 교수가 되면서 다른 여자와 결혼해버렸지요. 실연의 슬픔을 잊기 위해 그녀는 문학과 철학에 눈을 돌렸습니다. 연하의 독일 시인 릴케와도 가까운 사이가 되어 함께 러시아 여행을 하기도 했고요. 스스로 시를 지어 나에게 교정을 부탁한 이 멋진 아가씨에게 나는 홀딱 반하고 말았습니다. 나는 이 아가씨를 부인 겸 제자로 평생 내 옆에 두고 싶었어요. 그런 생각으로 행복했지만 기뻐하기엔 너무 일렀답니다. 그녀는 나를 스승으로 존경한 것이지 사랑하는 연인으로 생각한 것은 아니었거든요. 결국 나는 다시 한 번 실연의 쓰라림을 맛보았습니다. 그러나 나는 철학자였기 때문에 절망하지 않고 저술에서 위로를 찾았습니다. 살로메와 헤어진 후 더이상 여자에 미련을 두지 않았습니다.

F 니체 선생의 소설 같은 여성 이야기에 비하면 나의 이야기는 매우 평범합니다. 나는 부유하고 헌신적인 부인을 만나 무난하게 결혼생활을 영위했습니다. 아내와는 내가 29살 되던 해에 친구인 한 변호사의 소개를 통해 만나게 되었지요. 뢰브라는 이 아가씨는 한 작은 도자기공장주의 무남독녀였는데 아름답고 날씬하고 자존심이 강했습니다. 종교적인 저술 때문에 대학 강단에 자리 잡을 희망이 사라진 데다 아버지까지 잃

포이어바흐의 부인 뢰브

은 당시의 나에게 이 아가씨는 등대 같은 존재가 되었지요. 나는 일상을 벗어나는 철학적인 구혼 편지를 그녀에게 보냈습니다. "내가 늘 마음에 두고 있는 대상은 이성과 인식인데 당신이 그것에 관심이 있다면 이성의 물질적인 요소인 사랑이 우리를 영원히 결합시키는 끈이 될 것이오"라는 내용이었죠. 나는 이 편지에 근세의 철학자 브루노의 사진을 끼워 넣었습니다. 나는 이 편지에서 철학자는 자기희생을 감수할 수 있는 사람이라는 것을 암시했는지도 모릅니다. 사랑도 일종의 인식행위라는 나의 철학적인 구혼 편지에 응할 아가씨를 오늘날에는 거의 찾아볼 수 없을 테지만 그녀는 흔쾌히 나의 구혼을 받아주었지요.

그런데 훗날 나에게도 한 번 염문이 있었습니다. 캅이라는 내 친구의 딸이 나를 사랑한 것입니다. 아마 1841년으로 기억되네요. 그림도 잘 그리고 시도 썼던 캅의 딸 요한나가 나를 무척 따랐지요.

포이어바흐의 친구 캅과 그의 딸 요한나

처음에 나는 단순하게 친구의 딸로서 귀여워해주었는데 요한나는 나를 사랑하였고 나도 그 사랑을 물리칠 수 없었습니다. 차차 나는 양심의 가책을 느꼈고 결국 그녀와 헤어져 가정으로 돌아왔습니다.

진정한 사랑을 논하다

강물 두 선생님의 재미있는 이야기 잘 들었습니다. 이제 두 분의 생애와 연관된 시청자들의 질문이나 발언을 들어보기로 하겠습니다. 예, 현대 독일의 철학자이신 야스퍼스 선생님께서 발언을 요청하였습니다.

야스퍼스 니체 선생도 철학은 항상 성실성과 연관되어야 한다고 말한 적이 있습니다. 철학뿐만 아니라 철학자도 성실해야 한다는 것이 본인의 주장입니다. 특히 인간관계에서 그렇습니다. 부인을 맞이할 능력이 없는 철학자는 칸트, 쇼펜하우어, 니체처럼 독신을 지켜야 합니다. 결혼을 했다면 아내에게 성실해야 하고요. 나는 4살 연상의 유대인 여자와 결혼했고 그녀의 건강을 생각하여 아이도 갖지 않았습니다. 나치 시절에 당국으로부터 유대인이었던 아내와 헤어지라는 압력을 받았지만 결코 굴복하지 않았으며 아내가 잡혀갈 경우 자살하려고 항상 독약을 품고 다

야스퍼스
(Karl Jaspers, 1883~1969)
독일의 철학자로 실존철학을 대표

넜습니다.

내가 이런 이야기를 자랑삼아 하는 건 아닙니다. 그러나 진보적인 철학을 한다면서 여성 문제에서 성실하지 못한 철학자들이 과연 옳은 철학을 할 수 있겠는가 의문이 드네요. 맑스 선생은 만년(晚年)에 하녀와 관계하여 아이를 낳았고 엥겔스 선생은 동거하던 여자가 죽자 그녀의 여동생과 다시 동거를 하였습니다. 미국의 베트남 침략 전쟁을 단죄한다고 국제 모의재판까지 주도했던 사르트르와 러셀 선생도 마찬가집니다. 사르트르 선생은 '계약결혼'이라는 이상한 선례를 남겼고 러셀 선생은 4번이나 결혼했잖습니까. 포이어바흐 선생이 부인을 두고 친구의 딸과 관계를 맺었던 것은 좋은 일이 아닌 것 같습니다. 이 여자는 나중에 결혼도 하지 않은 채 46살의 나이로 정신장애 때문에 죽었다고 하는데 그녀의 운명에는 포이어바흐 선생에게도 큰 책임이 있다고 생각합니다.

강물 사르트르 선생님이 발언을 요청했습니다.

사르트르(Jean-Paul Sartre, 1905~1980)
프랑스의 소설가이자 철학자,
무신론적 실존주의를 제창

샤르트르 먼저 모범적인 가정생활을 하신 야스퍼스 선생께 존경의 인사를 드립니다. 그러나 나치 시절에 야스퍼스 선생이 내면으로 저항을 했을 뿐, 말이나 행동으로 저항하지 않은 것은 유감스러운 일입니다. 나와 카뮈는 레지스탕스그룹에 가담해 목숨을 걸고 나치와 싸웠습니다. 나도 자랑삼아 이 말을 하는 것은 아닙니다. 철학자도 어려운 상황에 처할 수 있다는 의미에서 하는 말입니다. 철학자도 인간이고 사랑을 하지 말라는 법은 없으니까요.

그리고 중요한 것은 철학자의 사생활을 그의 철학과 연관시켜서는 안 된다는 것입니다. 자고로 종교인들은 무신론철학자들을 비판하기 위하여 저속한 이야기들을 꾸며내었습니다. 로마 초기의 유물론철학자 에피쿠로스[4]의 사생활과 연관하여 반대파들이 날조해낸 험담이 그 대표적인 예입니다. 그들은 심지어 에피쿠로스학파의 철학자들이 여자를 공유했다는 소문까지 퍼트렸지요. 그러나 철학은 철학으로써 비판되는 것이지 사생활로써 비판되는 것이 아닙니다.

또한 야스퍼스 선생이 모범으로 내세우는 결혼관은 봉건사회 혹은 자본주의사회의 여성관을 밑받침으로 하고 있습니다. 그것은 사랑과 소유를 혼동하는 편견에서 나오는 여성관입니다. 참된 사랑은 소유가 아닙니다. 오히려 상대방에게 무한한 자유를 허용하는 것이 진정한 사랑입니다. 누군가가 나를 사랑한다고 해서 꼭 나만을 바

---

4 고대 그리스의 철학자로 원자론에 기초를 둔 에피쿠로스학파를 창시했다.

라보라고 말할 권리는 없습니다. 일반적으로 오해되는 '계약결혼'이라는 것도 상대방에게 무한한 자유를 허용하는 사랑의 한 형태입니다. 참된 사랑은 소유의식 속에서 오히려 질식하고 맙니다. 🗨

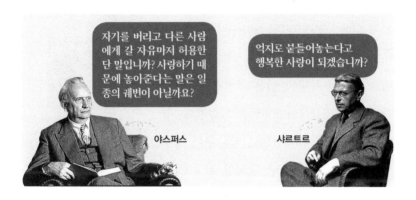

강물 죄송합니다. 두 분 선생님의 논쟁은 매우 흥미진진합니다만 사랑 문제는 이 콘서트의 중심 주제가 아니므로 이것으로 마치겠습니다. 두 분이 조용히 만나 토론을 계속하기 바랍니다. 그 대신 포이어바흐 선생님의 친구로서 포이어바흐 선생님의 사건에 대해 잘 알고 있는 헤트너 선생님의 증언을 들어보기로 하겠습니다. 독일문학에 관심이 있는 사람은 괴테, 실러, 칸트가 중심이 된 독일 고전주의 시대를 주목하지 않을 수 없는데 이 시기의 사상적인 흐름을 잘 서술해준 책이 코르프의 4권으로 된 『괴테시대의 정신』과 헤트너의 2권으로 된 『18세기 독일문학사』입니다. 진보적인 입장에서 서술된 헤트너의 책을 읽지 않고서는 이 시기의 문학과 철학을 논

할 수 없을 정도로 헤트너 선생님은 박학합니다. 헤트너 선생님 나와주세요.

헤트너 이 중요한 자리에서 발언을 할 수 있게 되어 영광입니다. 1848년에 하이델베르크 대학 학생회 초청으로 개최된 포이어바흐 선생의 특별 강연은 주목을 많이 받았습니다. 청강생이 100명쯤 되었지요. 당시의 진보적인 지식인들도 앞다투어 청강했을 정도입니다. 대학 당국의 거절로 이

헤트너
(Hermann Julius Theodor
Hettner, 1821~1882)

강의가 무산될 뻔했기 때문에 더 관심을 끌었는지도 모르죠. 나이 많은 우리 청강생들은 강의가 끝나면 철학교수이자 자연과학자이고 진보적인 정치가였던 캅의 집에 모여 토론을 벌이곤 했습니다. 나를 비롯하여 스위스의 작가 켈러, 철학자 몰레쇼트, 출판업자 브로크하우스, 화가 프리스, 시인 아우어바흐와 팔러스레벤 등이 참여했습니다.

이때는 이미 포이어바흐와 요한나 사이의 관계가 끝난 후였어요. 그러나 나는 이 사건을 알고 있었고 관심도 많았습니다. 포이어바흐는 나에게 비교적 자세한 이야기를 해주었지요. 자기보다 24살이나 어린 요한나의 사랑을 받는다는 것이 처음에는 행복하기도 했고 두렵기도 했답니다. 왜냐하면 요한나가 너무 어리고 순진했거든

요. 그러나 요한나의 사랑은 이성적인 설득으로 제지할 수 없을 정도로 진지했습니다. 자기를 성실하게 뒷바라지해준 아내에 대한 생각으로 포이어바흐는 많이 갈등하고 괴로워했습니다. 포이어바흐는 아내에게도 그 사실을 고백했고 아내가 요한나를 만나 설득하기도 했습니다. 그러나 요한나의 마음은 한결같았습니다. 결국 포이어바흐는 결단을 내렸습니다. 자기는 요한나보다도 가족을 사랑하기 때문에 결별하자고 요한나에게 선언한 것입니다.

요한나는 마음의 상처를 많이 받았습니다. 마음속에서 오래도록 포이어바흐를 잊지 못한 것 같았어요. 후에 작가 켈러와 시인 팔러스레벤이 요한나에게 구혼했지만 요한나는 거절했습니다. 나는 진실한 사랑은 무죄라고 생각하며 요한나나 포이어바흐를 비난할 아무런 근거가 없다고 생각합니다. 더구나 캅은 일생동안 포이어바흐의 친구로 머물렀고요. 포이어바흐에게 종교 비판에 앞서 자연과학을 공부하라고 권한 사람도 캅이었습니다.

02

사상을 키우는 철학자들

강물 지금부터 두 선생님의 사상과 연관된 토론을 시작하겠습니다. 그 전에 이번 시간에는 선생님들의 철학 일반에 관한 토론이 이어질 예정이라는 점 미리 말씀드립니다. 종교, 도덕, 예술과 같은 특수한 문제에 관해서는 각각 따로 토론의 장을 갖기로 하겠습니다.

철학의 과제

강물 이 자리에 모신 두 분은 모두 철학자이십니다. 철학은 인간의 삶이 나아가야 할 방향을 제시해주는 하나의 세계관입니다. 먼저 선생님들이 생각하는 철학의 가장 중요한 과제가 무엇인지 말씀해주십시오.

F 그것은 인간의 본질이 무엇인가를 해명하는 일입니다.

N 인간의 삶에 필요한 가치가 무엇인가를 규명해주는 일입니다. 철학자는 가치의 '입법자'이고 '명령자'이어야 합니다.

강물 그렇다면 그러한 과제를 실현하기 위해서 철학이 구체적으로 해야 할 일은 무엇일까요?

F 인간의 참된 본질을 인식하기 위해서 우리는 인간과 신의 관계, 인간과 자연의 관계를 올바르게 파악해야 합니다. 인간은 신을 만들어내기 전에 자연의 일부였습니다. 자연의 일부였던 인간이 어떻게 자연을 지배하는 위치로 올라섰고 신을 만들어갔는가를 규명해야 합니다. 다시 말해 인간을 올바로 이해하기 위해서는 자연과학의 연구와 더불어 종교의 본질을 해명하는 것이 필수적입니다.

N 인간에게 바람직한 삶이 무엇인가를 제시하기 위해서 천학자들은 먼저 도덕 문제에 눈을 돌려야 합니다. 도덕은 삶의 가치를 결정해주는 가장 중요한 요인이기 때문입니다. 나는 종교도 근본적으로 도덕의 일부에 속한다고 생각합니다.

강물 두 선생님의 철학은 서양철학의 두 경향인 유물론과 관념론*을 대변한다고 생각합니다. 물론 포이어바흐 선생님은 자신의 철학을 유물론이라 부르지 않고 인간학*이라 불렀습니다만 내용상 그렇다는 말입니다. 여기서 인류의 철학사를 처음으로 명확하게 양분하여 설명했던 엥겔스 선생님의 견해를 우선 들어본 후에 토론을 계속하기로 하겠습니다. 엥겔스 선생님 나와주세요.

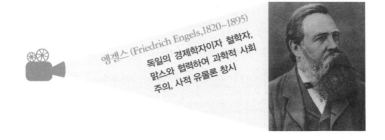

엥겔스 (Friedrich Engels,1820~1895)
독일의 경제학자이자 철학자, 맑스와 협력하여 과학적 사회주의, 사적 유물론 창시

엥겔스 나는 『포이어바흐와 독일 고전철학의 종말』이라는 저술에서 철학의 가장 중요한 문제는 존재와 사유, 자연과 정신에 관한 문제라고 말했습니다. 이 문제의 해답을 둘러싸고 인류의 철학은 유물론과 관념론으로 양분되지요. 정신이 자연보다 먼저 존재한다고 주장하는 사람들은 관념론적 진영을 형성하였고 자연을 근본 시원으로 간주한 사람들은 유물론의 각종 학파에 속합니다. 나의 정의에 의하면 포이어바흐 선생의 철학은 확실한 유물론입니다. 존재가 먼저이고 존재로부터 의식이 발생한다고 분명히 말했으니까요.

강물 그렇다면 선생님 생각으로 니체의 철학은 관념론에 속합니까?

엥겔스 그렇습니다. 니체는 관념론자입니다. 주관적 관념론자죠. 플라톤이나 헤겔은 그 자체로 존재하는 객관적인 정신(이데아, 절대정신)을 가정했기 때문에 객관적 관념론자인 반면 버클리나 흄은 그 자체로 존재하는 세계의 실체를 부정하고 모든 것을 주관적인 의식의 산물로 간주했기 때문에 주관적 관념론자입니다. 니체도 쇼펜하우어처럼 세계의 본질을 의지로 간주했습니다. 쇼펜하우어의 맹목적 의지를 권력의지*로 대치시켰을 뿐이지요. 니체에 의하면 세계는 주관의 해석에 불과합니다. 그는 주관을 떠나 그 자체로 존재하는 물질적인 세계를 부정하거나 중요하게 생각하지 않았어요. 객관적으로 존재하는 세계를 하나의 가상으로 격하시켰습니다.

강물 니체 선생님, 동의하십니까?

N 내가 "세계는 나의 해석에 불과하다"고 말한 것은 사실입니다. 또한 "존재는 공허한 가상이다"라 말하기도 했고요. '나'란 존재가 없다면 세상이 무슨 의미가 있겠습니까? 의미 없는 세계는 존재하지 않는 것과 같으며 세계에 의미와 가치를 부여하는 것이 바로 인간입니다. 그런데 개인적으로 나는 철학을 관념론과 유물론으로 양분하는 데 반대합니다.

강물 그럼 포이어바흐 선생님께 묻겠습니다. 선생님은 자신의 철학을 인간학이라 말했고 일반적으로 선생님의 철학이 '인간학적 유물론'이라 일컬어지는데 거기에 대해서 어떻게 생각합니까?

F 인간의 문제를 집요하게 추구한 나의 철학이 그렇게 불려도 무리는 아닐 것 같습니다. 그러나 이러한 규정에는 오해가 있을 수 있습니다. 여러분이 잘 아는 것처럼 1920년대에 독일에서 '철학적 인간학'이라는 철학 경향이 나타났습니다. 인간 문제의 해명을 철학의 중심 과제로 내세우는 이 경향은 오히려 유물론적인 인간관을 반박하려는 의도를 지닌 관념론이었습니다. 나의 철학이 이와 혼동되어서는 안 됩니다. '철학적 인간학'은 영원히 변하지 않는 인간의 본성을 가정하고 거기서 나타나는 현상들만을 경험적으로 연구하려 하였습니다. 이들과의 혼동을 피하기 위하여 나의 철학은 '인간학적 유물론'이라기보다 '인간 중심의 철학' 혹은 '현실적인 인간학'이라 불리는 것이 더 합당합니다.

강물 니체 선생님, 선생님의 철학이 '초인의 철학'이라 불리는데요?

N 그러한 규정에도 주의가 필요합니다. 내가 말하는 '초인'이란 신이나 내세, 혹은 초월적인 세계를 부정하고 현세에 충실하려는 강한 의지를 지닌 인간입니다. '변화의 무죄'를 확신하며 세계의 본질

인 '권력의지'를 체현해가는 인간입니다. 초인이 '초능력을 지닌 인간'이나 '현실을 벗어난 도인' 혹은 '미지의 신'처럼 이해된다면 나의 철학은 '초인의 철학'과 거리가 멉니다.

서양철학사의 두 철학자

강물 그렇다면 서양철학사에서 선생님들의 철학이 지니는 의의는 무엇입니까?

F 나의 철학이 '독일 고전철학의 종결'로 이해되기도 합니다만 오히려 '독일 유물론철학의 출발'이라고 말할 수 있습니다. 독일은 프랑스에 비해 관념론이 우세했습니다. 그것은 독일의 정치적·경제적 발전이 이웃나라에 비해 후진 상태에 있었다는 사실과도 연관됩니다. 칸트에서 헤겔에 이르는 독일 철학자들은 프랑스혁명을 주도한 계몽정신을 상아탑 안에서 정치적 실천이 아닌 학문적 이론으로 만회하려 하였고 그 결과 관념론으로 기울어졌습니다. 나는 이러한 관념론철학을 획기적으로 뒤바꾸려 했습니다. 정신에 의해 억눌린 인간의 감성을 해방시키고 감성과 이성을 통일하려 했지요. 헤겔 철학에 대한 나의 비판이 그것을 잘 말해줍니다. 나는 관념론만으로 사회변혁이 불가능하다는 사실을 깨닫고 유물론에 눈을 돌렸으며 여기서 나를 인도해준 철학자가 프랑스 유물론자 베일입니다. 나는 그를 열심히 연구하였고 그에 관한 책도 저술했습니다. 나는

이전의 유물론철학을 총정리해서 독일철학이
관념론을 극복하고 유물론으로 나아가는 길을
제시했습니다.

베일(Pierre Bayle, 1647~1706)
프랑스혁명을 사상적으로 준비한
프랑스 초기 계몽 사상가

N 나도 헤겔철학에 대한 비판이라는 의미에서
포이어바흐 선생과 비슷한 생각이었습니다. 그
러나 포인트는 달랐습니다. 나는 플라톤에서
헤겔에 이르기까지 유물론이건 관념론이건 대부분의 철학이 이성
중심의 철학이라는 데 불만을 갖게 되었습니다. 나는 나의 위대한
정신적인 스승이라 할 수 있는 쇼펜하우어의 철학과 그것을 예술적
으로 표현하려 했던 바그너의 암시에 따라 세계와 인간의 본질을
이루고 있는 것은 이성이 아니라 본능과 의지라는 사실을 확신했습
니다. 그러므로 이성의 철학 대신 의지의 철학을 제시하려 하였고
그것을 확실하게 구현하였지요. 예컨대 실용주의*, 실존주의*, 포
스트모더니즘* 같은 후대의 많은 철학이 나의 영향을 받았지만 나
처럼 철저하게 의지의 세계를 강조한 철학은 없습니다. 인간의 삶
에서 정열적인 의지가 중추적인 역할을 하므로 현대의 철학자나 예
술가는 누구도 나의 주장을 경시할 수 없습니다.

강물 포이어바흐 선생님의 철학은 '인간적 감성론'이라 불리기도 하
는데 감성과 연관된 선생님의 철학을 요약해주기 바랍니다.

F 칸트에서 출발해서 헤겔에 이르기까지의 독일철학은 이성을 우위에 놓고 인간의 감성을 억제하려는 이성 중심의 철학이었습니다. 이에 반해 나는 인간의 감성을 철학적으로 해방시키려 했습니다. 인간은 근본적으로 감성적인 존재입니다. 인간은 우선 살과 피를 가진 구체적이고 개별적인 인간으로 존재합니다. 인간의 사유도 감성으로부터 출발하고요. 두뇌 없는 사유란 있을 수 없고 감성에 기초하지 않는 사유란 올바른 사유가 될 수 없습니다. 감각과 사유, 감성과 이성은 현실적인 인간 안에서 통일되어 있습니다. 개별적 인간의 본질은 감성에 있지만 인간은 개인에 만족하지 않고 사고를 통해서 인간 전체에 눈을 돌립니다. 그렇게 하여 인간이 유적본질*임을 확인해가지요. 다시 말하면 인간은 자연적, 개체적 존재이면서 동시에 유적존재입니다. 유적본질은 이성, 의지, 심정으로 이루어진 무한하고 완전한 의식을 통해서 실현됩니다. 의지는 의무나 규범을 따르면서 인간과 인간을 결합시키는 사유의 한 부분입니다. 생각하고 의욕하고 사랑하는 것이 인간의 가장 중요한 특성입니다. 인간의 유적본질에서 감성과 이성의 통일이 이루어집니다. 그것을 나는 '보편적 감각'이라 부르기도 했습니다.

강물 그렇다면 선생님의 철학은 이성보다 의지를 강조하는 니체 선생님이나 쇼펜하우어의 철학과 어떤 차이가 있습니까?

F 큰 차이가 있습니다. 이들의 철학에서는 이성이 의지의 부속물에 불과합니다. 그러나 나의 철학에서는 이성이 감성의 고차적인 형태를 이룹니다. 서로 상반되지 않고 통일을 이루어 인간의 본질을 실현해갑니다.

쇼펜하우어 흉상

강물 그럼 니체 선생님의 철학에서도 이성은 큰 의미가 없습니까?

N 맞습니다. 나는 본능이 중심이 되는 의지를 '위대한 이성'이라 불렀습니다. 전통적인 철학에서 강조된 이성은 권력의지를 실현해가는 삶의 한 도구에 불과합니다.

철학자들의 말말말!

강물 일반적으로 철학자들의 말은 많은 사람들의 입에 오르내리고 있습니다. 그 가운데서 선생님들과 연관된 몇 개의 명언을 골라 보겠습니다. 직접 말씀하신 선생님께서 해설을 해주시기 바랍니다. 먼저 포이어바흐 선생님의 "철학자의 애인은 자연이다."

F 자연을 도외시하거나 자연을 초월한 철학은 주관적 환상이 되기 쉬우므로 철학자는 모름지기 자연의 연구 결과를 토대로 자신의 철학을 제시해야 한다는 의미입니다. 동시에 철학자는 자연 속에서

사색하면서 자연과 가까워져야 한다는 의미도 포함되어 있습니다.

강물 니체 선생님의 "나는 인간이 아니고 다이너마이트다."

N 철학자는 전통적인 인습과 편견을 파괴하면서 새로운 가치를 창조해야 한다는 의미입니다. 특히, 나는 나의 철학에서 전통적인 철학, 전통적인 종교, 전통적인 도덕 등을 철저하게 비판하였는데 그것을 상징적으로 표현한 말입니다.

강물 그와 비슷하게 니체 선생님은 "나를 죽이지 못하는 것은 나를 더 강하게 만들뿐이다"라 말씀하셨습니다.

N 나는 건강이 안 좋았습니다. 위장이 나빴고 평생 편두통으로 고생했지요. 고통이 사라지는 날이 햇볕이 좋은 날처럼 드물었지만, 그런 날이면 나는 행복에 넘쳐 저술을 했습니다. 육체적인 고통뿐만 아니라 주위 세세모부디, 특히 기독교 신자들로부터 많은 비난과 모욕을 당하는 정신적인 고통도 체험했습니다. 나는 이에 굴하지 않고 끝까지 나의 신념을 관철했습니다. 나는 그것을 '운명애'(amor fati)라는 말로 표현하기도 했어요. 역경을 이기며 새로운 것을 창조해가는 철학자의 정신을 표현한 것입니다. "이것이 인생이더냐? 좋다, 다시 한 번!"이라는 말이 바로 운명애를 지칭합니다.

강물 니체 선생님의 이름과 함께 사람들은 보통 "신은 죽었다"라는 말을 떠올리는데요.

N 그렇습니다. 다만 많은 사람들이 내가 이 말을 지어낸 것처럼 오해하고 있는데 사실이 아니에요. 독일의 문학가 괴테와 철학자 헤겔도 이미 이 말을 사용했습니다. 나는 이 말 속에 내 사상의 진수를 표현했습니다. 신은 기독교의 신뿐만 아니라 종래의 모든 초월적인 가치를 상징합니다. 그러한 것들의 허위가 드러났다는 사실을 이 말에서 단적으로 표현한 것이죠.

그런데 어떤 사람들은 나의 의도를 왜곡하여 "신이 죽었다"는 말은 이미 신의 존재를 인정한 셈이라는 결론을 내립니다. 그러나 죽는 신은 결코 신이 아닙니다. 또 어떤 사람들은 내가 이 말을 통해서 신을 부정한 것이 아니라 타락한 현대의 기독교를 부정한 것에 불과하다고 말합니다. 그러나 그것은 나의 철학을 이해하지 못하는 데서 나온 아전인수 격인 결론입니다. 물론 나는 어린 시절에 「미지의 신에게」라는 시를 쓴 적이 있는데요. 그러나 미지의 신도 초월적인 존재가 아니라 초인과 같은 지상의 존재입니다. 신이나 내세를 가정하는 철학은 인간의 삶을 약화시키는 데카당스*의 철학이므로 철저히 거부해야 한다는 것이 나의 지론입니다. 그런 의미에서 나는 철저한 무신론자고요.

강물 비슷한 의미로 포이어바흐 선생님께서는 "인간은 인간에게 신이다"라는 말씀을 하셨습니다.

F 나도 니체 선생 못지않게 인간을 중시하는 무신론자입니다. 그러나 내가 말하는 인간은 초인과 같은 엘리트가 아니라 보편적인 인간입니다. 피와 살이 있고 너와 나의 관계 속에서 서로를 사랑하며 공동 사회를 이루어가는 감성적인 인간입니다. 사람이 죽으면 모두 자연으로 되돌아가기 때문에 나는 인간 영혼의 불멸이나 영겁회귀* 같은 것을 믿지 않아요. 인간이 영원한 것은 종족의 보존을 통해서이기 때문에 개인보다도 전체가 더 중요하다고 생각했습니다. 개인 영혼의 불멸 사상은 기독교를 비롯한 여타 종교가 만든 이기주의의 산물입니다. 다시 말하면 보편적인 인간보다도 개인적인 영혼을 더 소중히 생각하는 데서 나온 일종의 환상이고 편견입니다.

강물 두 선생님의 설명을 통해서 같은 무신론자라도 관념론적 무신론자와 유물론적 무신론자가 있을 수 있다는 사실을 알았습니다. 불교도 무신론적 종교이지만 윤회설이나 해탈 같은 개념을 음미해 보면 철학적으로 관념론이라는 사실이 파악됩니다. 제 생각으로는 철저한 무신론자가 되기 위해서는 유물론으로 무장해야 할 것 같습니다. 왜냐하면 관념론적 무신론자들은 어떤 의미로든 신과 비슷한 철학적 개념을 만들어내기 때문입니다. 이 문제에 관해서는 내

일 계속되는 종교 문제에 관한 토론에서 더 자세히 다루기로 하겠습니다.

종교에 이용당한 철학자들?!

강물 그럼 다음으로 다른 철학자들의 질문이나 의견을 들어보기로 하겠습니다. 예, 중세철학의 대가이신 토마스 아퀴나스 선생님께서 발언을 요청했습니다.

아퀴나스
(Thomas Aquinas, 1225~1274)
이탈리아의 가톨릭 신학자,
중세 유럽의
스콜라철학을 대표

아퀴나스 두 선생의 토론을 들으니 마치 무신론 경연대회 같은 인상이 듭니다. 인류에게는 항상 종교가 있었고 인간은 항상 종교의 위로를 받았습니다. 그 가운데서도 기독교가 앞장서서 인류를 구원하려고 노력했고요. 역사적으로 많은 업적을 남겼고 지금도 많은 사람들의 두뇌를 지배하고 있는 종교의 역할을 과소평가하면 안 됩니다. 나는 여기서 종교의 역할이나 과제를 논하지는 않겠습니다. 다만 서양철학에 미친 종교의 영향에 대해서 말하겠습니다. 여러분도 잘 아시는 것처럼 나는 그리스의 가장 중요한 철학자인 아리스토텔레스의 철학에 의존하여 서양철학을 논리적으로 체계화했습니다. 나의 저술 『신학대전』에 그것이 자세하게 서술되었습니다. 어떤 사람은 중세에서 철학이 신학의 하녀가 되었다고 비판하지만 나는 철학을 오히려 신성한 위치로 올려놓았다고 생각합니다. 나의 노력이 없었다면 현대철학이 이처럼 발전할 수 있었겠습니까? 결국 모든 현대철학은 내가 제시한 철학의 해석이나 변용에 불과합니다.

강물 그럼 아퀴나스 선생님께서 언급하신 아리스토텔레스 선생님의 의견을 들어보기로 하겠습니다.

아리스토텔레스 유감스럽게도 아퀴나스 선생은 나의 철학을 옳게 이해하지 못했습니다. 아니 옳게 이해하려고 하지 않았습니다. 나의 철학이 기독교 신학과 배치되기 때문입니다. 나는 물질과 그 운동의 영원성을 주장하였는데 그것이 내 철학의 핵심입니다. 나는 개별자만이 존재하며 개별자는 실료와 힝싱으로 구성되어 있다고 말했습니다. 물론 순수형상이라는 것도 가정했지만 그와 함께 순수질료라는 것도 가정했습니다. 순수질료는 그 자체로 영원히 존재하는 물질입니다. 창조되지 않은 불생불멸의 존재

아리스토텔레스
(Aristoteles, 384~322)
**고대 그리스철학자,
중세 스콜라철학에 영향을 줌**

입니다. 내가 말하는 순수형상도 비활동적이며 실존하는 개별물에 관여하지 않습니다. 나는 섭리, 내세, 천국, 영혼의 불멸 같은 것을 인정한 적이 결코 없습니다. 토마스 선생이 생각하는 존재라는 개념도 내가 생각하는 존재 개념과는 천양지차이고요. 나는 신학이나 스콜라철학과 아무런 상관도 없는 철학자였습니다. 나는 토마스주의에 의해서 철저하게 왜곡되었습니다. 토마스 선생은 나의 철학을 왜곡하여 기독교 신학에 맞게 변용하였습니다. 나는 결국 '머리가 깎이고 승복이 입혀져' 후세 사람들에게 소개된 것입니다.[5]

나는 지상의 존재에 눈을 돌렸는데 아퀴나스 선생은 내세에 눈을 돌렸으며 나는 자연을 벗어나지 않았는데 토마스 선생은 자연을 비하했습니다. 나의 철학적 특성은 플라톤의 이데아론을 비판하는 데서도 잘 드러납니다. 존재하는 것은 자연 속에 들어 있는 개별자뿐입니다. 훗날 화이트헤드라는 철학자는 플라톤 이후의 현대철학은 플라톤의 주석에 불과하다고 말했는데 그것은 플라톤적인 관념론에 사로잡힌 사람들의 자기 위로에 불과합니다. 이미 나의 철학에 의해서 플라톤의 관념론은 비판·극복되었고 아퀴나스에 의해 왜곡된 나의 철학이 근세의 철학자 베이컨에 의해서 다시 옳게 해석되었습니다. 나의 철학에도 많은 오류와 한계가 있지만 인류의 철학사는 플라톤보다도 나의 손을 들어주었습니다.

---

5 아리스토텔레스가 중세철학에서 왜곡되었다는 사실을 유물론철학자들이 비꼬는 말이다.

강물 그럼 아리스토텔레스 선생님이 거명하신 프란시스 베이컨 선생님의 말을 들어보겠습니다.

베이컨 아리스토텔레스 선생의 말에 동의합니다. 아이를 낳지 못하는 노처녀와 같은 스콜라철학은 백해무익합니다.[6] 물론 나는 아리스토텔레스의 연역법*을 비판하고 새로운 연구방법으로 귀납법*을 내세웠습니다. 실험과 관찰을 통해서 자연의 법칙을 발견하고 그것을 인류의 행복 증진에 이용하도록 도와주는 것이 바로 철학의 과제입니다. 중세의

베이컨
(Francis Bacon, 1561~1626)
**영국의 철학자, 경험론의
선구자로 스콜라 철학 비판**

스콜라철학이 아리스토텔레스의 철학을 왜곡하지 않았다면 인류의 철학사는 수백 년 전에 이미 옳은 길로 들어섰을 것이며 브루노 같은 철학자가 억울하게 죽는 일도 없었을 것입니다.

강물 브루노 선생님이 발언을 신청했습니다.

브루노 인류의 철학사에서 나처럼 억울하고 비극적인 사람은 없을 테지요. 나는 서기 1600년에 종교재판에 의해서 화형을 당했습니

---

6 베이컨이 스콜라철학을 비판하면서 언급했던 말로 철학사에서는 유명한 표현이다.

다. 내가 우주는 무한하다고 주장했거든
요. 종교의 입장에서 무한한 우주는 신과
동격이 됨을 의미했습니다. 즉, 신의 위치
가 낮아진다고 생각한 거죠. 무한한 것은
신밖에 없으며 신이 창조한 모든 것은 유
한해야 한다는 것이 기독교의 주장입니다.
그러나 과학적인 연구 결과는 우주가 무한
하다는 것을 증명해주고 있습니다. 우주가

브루노
(Giordano Bruno, 1548~1600)
영국의 철학자, 경험론의
선구자로 스콜라 철학 비판

유한하다면 그 끝이 있어야 하는데 우주의 끝이 어디에 있습니까?
종교재판은 나에게 그러한 주장을 철회하도록 강요하고 회유도 했
습니다. 그러나 갈릴레이와 같은 과학자는 목숨을 부지하기 위해
서 지동설을 철회했지만 나는 철학자입니다. 철학자는 자신의 신념
을 위해서 살고 죽을 수도 있어야 합니다. 그것이 철학자와 과학자
를 구분해주는 척도입니다.[7] 그리스의 소크라테스 선생도 청년들
을 유혹하고 국가가 신봉하는 종교를 거부했다는 이유로 사형선고
를 받고 독배를 마시며 죽었습니다. 그러나 나의 죽음에 비하면 행
복한 죽음입니다. 산 채로 화형을 당하는 일이 얼마나 고통스러운
지 당신들은 생각이나 해보았습니까? 할 말은 많지만 이것으로 끝
내겠습니다.

---

7 야스퍼스가 강하게 주장한 말로 저자의 신념이기도 하다

브루노의 종교재판(청동부조)

강물 소크라테스 선생님도 발언을 신청하는군요.

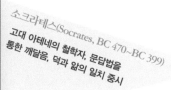

소크라테스(Socrates, BC 470~BC 399)
고대 아테네의 철학자, 문답법을
통한 깨달음, 덕과 앎의 일치 중시

소크라테스 악법도 국법이라 말하며 나는 나의 죽음을 유유히 받아들였습니다. 아마 그때 내 나이가 이미 고령에 달했기 때문인지도 모릅니다. 그러나 니체 선생이 나와 나의 철학을 완전히 묵사발 만든 데 대하여 가만히 있을 수 없습니다. 『비극의 탄생』이란 책은 완전히 나에 대한 비판으로 가득 차 있더군요. 나의 주지주의철학* 속에 낙천주의*, 합리주의*, 윤리주의가 혼합되어 있고 그것은 삶에 지친 허약한 사람들의 논리적 변명에 지나지 않으며 그것 때문에 내가 결국 나의 제자 플라톤을 망쳐 관념론철학을 만들어내게 했다는 주장입니다.[8] 나를 미친 늙은이로 취급한 것은 너무 심하지 않습니까?

N 철학을 비판한 것이지 인신모독을 할 의도는 전혀 없었습니다.

---

8   주관적 관념론자인 니체는 객관적 관념론을 유물론과 함께 비판했다

훗날 나의 철학도 그런 비판을 받았습니다. 예컨대 루카치라는 철학자는 '이성의 파괴'라는 제목으로 나를 무자비하게 비판하면서 간접적으로 소크라테스 선생님을 옹호했지요. 너무 섭섭해하지 말기 바랍니다.

강물 철학적 비판은 항상 가능하고 또 바람직합니다. 그러나 진리를 찾아가는 철학자들을 국법이나 종교의 이름으로 박해한다는 것은 옳은 일이 아닙니다. 오늘날에도 비슷한 경우가 있습니다. 예컨대 제가 살고 있는 한국에서는 국가보안법이 학문 연구의 자유를 심히 침해하고 있습니다. 아무튼 진리를 위해서 목숨을 바친 예수의 이름으로 진리를 추구한 철학자 브루노를 화형시킨 종교의 박해는 인류의 정신사에 나타난 가장 큰 비극이라고 말할 수 있습니다.

소크라테스의 죽음(1787)

강물 이번 토론은 일반적인 철학 문제를 다루는 것이므로 예외적으로 청중 여러분의 질문을 받기로 하겠습니다. 젊은 분이 손을 듭니다. 먼저 자기소개 후에 질문해주세요.

질문자 저는 모스크바 대학에서 철학을 공부하는 막심 데보린입니다. 포이어바흐 선생님께서 헤겔좌파 운동에 직접 가담하셨다고 말씀하셨습니다. 헤겔좌파의 철학적 입장과 그 한계에 관해 말씀해주시기 바랍니다.

F 헤겔의 제자들 가운데 젊은 층이 주류를 이루어 헤겔철학이 지니는 진보적인 측면을 발전시키려는 목적으로 모인 연구모임을 헤겔좌파라 불렀습니다. 여기에는 나를 비롯하여 기독교의 복음이 역사적 사실에 근거한 것이 아니라 창작에 불과하다는 내용의 『예수전』을 쓴 슈트라우스, 철저하게 개인이기주의를 표방한 슈티르너, 루게, 쾨펜, 바우어 형제, 헤스, 프루츠 등이 속해 있었지요. 맑스도 베를린 대학에서 공부하던 시절에 청년 헤겔파의 엘리트 모임이었던 '박사클럽'에 참여했습니다.

　헤겔의 철학은 절대정신이 발전하여 자연과 사회를 형성한다는 객관적 관념론으로서 종교와 타협하려 한 점에서, 그리고 당시의 프로이센 국가를 자유의 최종적인 실현 단계로 간주한 점에서 보수적인 측면을 지니고 있었으나 절대정신의 변증법*적 발전을 인정하면서 변혁을 암시하는 진보적인 측면도 지니고 있었습니다. 헤겔 좌파는 종교와 뒤섞인 헤겔철학으로부터 종교의 잔재를 청산하고 헤겔철학의 진보적인 측면을 발전시키려 하였습니다. 그러므로 우선 종교비판에 눈을 돌렸습니다. 종교비판을 통해서 사회의 민주화를 실현하려 한 것이지요. 비민주적인 절대군주의 통치와 야합하는 가장 큰 세력이 종교라는 결론에 도달했기 때문입니다. 헤겔좌파의 한계는 헤겔좌파에 관심을 가졌던 맑스와 엥겔스의 비판에서 잘 드러났습니다만 사회변화에 영향을 끼치는 경제 문제에 눈을 돌리지 못하고 이념적인 비판에 머문 것입니다.

헤겔과 그의 학생들(베를린)

강불 여성 한 분이 손을 들었습니다. 질문해주세요.

저는 북경 청화대학에서 철학을 공부하는 마오링이라는 학생입니다. 니체 선생님께 묻겠습니다. 진화론을 비롯한 당시의 자연과학적인 연구가 선생님의 철학에 미친 영향은 무엇입니까?

N 다윈의 『진화론』이 나온 것은 내가 14살 되던 1859년이었습니다. 기독교의 창조설을 과학적으로 무너뜨린 이 책은 나를 비롯한 많은 사람들에게 큰 충격을 주었습니다. 내가 『비극의 탄생』이 중심이 되는 예술적이고 낭만적인 시기에서 벗어나 『인간적인, 너무나 인간적인』(1878)에서 절정에 이르는 실증적이고 비판적인 단계로 나아간 것은 바로 진화론의 영향 때문인지도 모릅니다. 당시에는 생리학을 비롯한 자연과학의 연구가 활발해졌고 철학자들도 그것을 도외시할 수 없었습니다. 예컨대 상당히 현실적이었던 나의 친구 레는 나에게 자연과학을 더 연구하라고 권했고 나는 자연과학을 공부하기 위해서 프랑스 파리로 갈 생각까지 했지요. 그러나 나는 그것을 포기했습니다. 자연과학을 연구한다는 것은 철학에서 유물론을 받아들인다는 것과 같기 때문입니다. 특히 당시에 맑스주의*가 나타났고 초인의 철학을 지향하는 나의 이상은 천박한 노동자들이 중심이 되는 철학을 인정할 수 없었습니다. 유물론의 가장 강력한 형태가 맑스주의였답니다. 결국 나는 진화론을 비판하는 입장으로 돌아섰습니다. 삶은 전체적으로 궁핍이 아니라 풍요로움이기 때문에 생존 경쟁이 삶의 원리가 될 수 없다는 것이 나의 지론이었습니다. 생존을 위한 투쟁이 아니라 권력을 쟁취하기 위한 투쟁이 인류의 역사를 지배한다는 주장이었죠. 그러나 내 철학의 내면에는 전반적으로 다윈의 진화론, 특히 사회다윈주의*가 자리 잡고 있다는 사실을 부정할 수는 없습니다.

강물 다른 질문을 받겠습니다. 저기, 나이 드신 분 질문해주세요.

질문자 나는 뉴델리 철학과 교수 우파니입니다. 니체 선생님께 질문 하겠습니다. 권력의지와 변화의 무죄를 강조하신 선생님이 말 년에 갑자기 영겁회귀라는 사상을 들고 나왔는데 권력의지와 영겁 회귀는 서로 모순되지 않습니까?

N 좋은 질문을 해주었습니다. 나는 건강이 안 좋아 평생 고통을 받았습니다. 말년에는 특히 더 그랬지요. 젊은 시절에 혈기왕성해 서 외친 권력의지나 가치의 변혁, 변화의 무죄 같은 것이 너무 지나 쳤다는 느낌을 갖게 되었습니다. 나도 모르게 약해진 것입니다. 나 도 모르게 종교와 화해를 하고 싶었는지도 몰라요. 나는 스위스의 한 호숫가를 거닐면서 모든 것은 결국 똑같다는 생각을 하게 되었 습니다. 그때 갑자기 영겁회귀 사상이 떠올랐다고 말했습니다만 사 실은 내가 이미 불교철학이나 그리스의 피타고라스철학에서 배운 것을 회상한 것에 불과합니다. 영겁회귀 사상은 과학적인 근거가 없기 때문에 나는 그것을 『차라투스트라』에서 난쟁이의 입을 통하 여 수수께끼처럼 신비적으로 발설하게 했습니다. 그리고 가장 중요 한 사상이라고 덧붙였지요. 그러나 그것은 나의 철학 전반에서 하 나의 양념에 불과하다고 말해도 과언이 아닙니다. 훗날 어떤 철학 자들은 영겁회귀가 나의 철학에서 핵심을 이룬다고 주장하는데 그

Also
sprach Zarathustra.

Ein Buch

für

Alle und Keinen.

Von

Friedrich Nietzsche.

Chemnitz 1883.
Verlag von Ernst Schmeitzner.

St. Petersburg
H. Schmitzdorff
(C. Roettger.)
Kais. Hof-Buchhandlung.
5 Newsky Prospekt.

Paris
W. Fischbacher
33 Rue de Seine.

Turin
(Florenz, Rom.)
Hermann Loescher
via di Po 19.

New-York
E. Steiger & Co.
25 Park Place.

London
Williams & Norgate
14 Henrietta Street,
Covent Garden.

「차라투스투라는 이렇게 말했다」 초판(1883)

것은 나의 철학을 전반적으로 이해하지 못한 데서 나온 오해입니다. 영겁회귀가 가능하다면 변화도, 가치도, 권력의지도 쓸모없다는 허무주의가 종착역입니다. 내가 가장 싫어하고 극복하려 했던 것이 바로 허무주의입니다.

강물 아직 질문하실 분이 많으실 줄 압니다만 이것으로 두 번째 세션의 토론을 마치겠습니다. 질문이 더 있으신 분은 인터넷을 통해 제기해주면 친절하게 회답해드리고 그 내용은 토론집에 게재하기로 하겠습니다. 긴급 질문자가 두 분 나타났습니다.

긴급 질문자 긴급 질문입니다. 나는 일본 동경대학 철학과에 재직하고 있는 수즈키 교수입니다. 일본에서는 니체 선생님의 철학에 들어 있는 핵심 개념인 'Wille zur Macht'를 '권력의지'로 번역하고 있습니다. 그런데 다른 나라, 특히 한국에서는 이 말을 '힘에의 의지'로 번역하고 있더군요. 당사자이신 니체 선생님께서 어느 것이 더 적합한지 말씀해주시기 바랍니다.

강물 그럼 두 긴급 질문에 대한 니체 선생님의 답변을 듣는 것으로 이 토론을 마치겠습니다.

N 내가 일본말과 한국말을 잘 모르기 때문에 잠깐 통역사들의 자

문을 받았습니다. 나는 분명히 정치적인 권력을 의미하는 독일어 Macht와 물리적인 힘을 의미하는 독일어 Kraft를 구분해서 사용했습니다. 그러므로 '권력의지'(Wille zur Macht)를 단순히 '힘에의 의지'(Wille zur Kraft)로 파악해서는 안 된다고 생각합니다. 나는 『권력의지』라는 저술에서 분명히 말했습니다. "우리의 물리학자들이 신과 세계를 만들어낸, 승리에 가득 찬 개념인 힘(Kraft)은 하나의 보충을 필요로 한다. 다시 말하면 내면의 의지가 첨부되어야 한다. 나는 그것을 '권력의지'라 표현한다." 물론 권력의지는 물리적인 힘을 내포하고 있으며 물리적인 힘이 권력의지보다 더 포괄적입니다. 나는 권력의지가 인간의 사회뿐만 아니라 자연과 우주를 지배하는 법칙이라고 말했습니다. 그러나 물리적인 힘에 강화, 지배, 찬탈, 착취, 창조와 같은 속성이 부과될 때 내가 말하는 권력의지가 나타납니다. 이러한 권력의지에는 물리적인 힘과 생물학적인 동화작용, 정치권력, 창조력, 인식에의 욕구 등이 다 포함되어 있습니다. 인간만이 갖고 있는 독특한 내면의 의지가 포함되어 있습니다. 그러므로 권력의지에는 물리적인 힘에 포함되지 않는 특성들이 포함되어 있습니다. 아마 몇몇 현대 철학자들이 나치에 의해서 이용당한 나의 철학을 순화시킬 목적으로 '권력'보다는 '힘'이라는 말을 선호하는 모양인데 그것은 자칫하면 나의 철학적 핵심을 빗겨갈 소지가 있습니다.

저는 프랑스 마르세이유 대학에서 철학을 공부하는 드
니 장이라는 학생입니다. 포이어바흐 선생님께 묻겠습
니다. 선생님이 제시한 인간의 본질은 구체적인 사회관계를 통해서
얻어진 것이 아니고 신이라는 본질로부터 거꾸로 유추해내었기 때
문에 아직 추상적이고 신학적인 느낌을 주는데, 선생님의 생각은
어떻습니까?

F 많은 비판을 받는 문제입니다. 물론 나의 이론에는 시대적인 한
계가 있었고요. 예컨대 여기에는 계급투쟁과 같은 문제가 고려되지
않았습니다. 그러나 인간의 본질을 신이나 이념과 연관시키는 종래
의 인간관을 혁신했다는 의미에서 나는 인간 해명에 관해 하나의
초석을 쌓았다고 봅니다. 그 초석 위에서만 새로운 철학자들이 더
구체적이고 현실적인 인간관을 제시할 수 있었습니다.

강물 이것으로 이번 토론을 마치겠습니다. 주최 측의 안내가 있겠
습니다.

연극 「천문호선」

오늘의 토론을 재미있게 들으셨습니까? 벌써 저녁이 다가오고 있습니다. 이제 여러분은 주최 측에서 준비한 다양한 중국요리로 맛있게 저녁을 드시기 바랍니다. 저녁을 드신 후엔 이곳 천문산을 배경으로 펼쳐질 웅대한 뮤지컬을 관람하실 텐데요. 여러분은 이 세계에 존재하는 가장 큰 무대를 체험하게 될 것입니다. 연극은 장예모 감독이 연출한 「천문호선(天門狐仙)」으로 각국어 자막이 제공되니 중국어를 모르시는 분들도 내용을 따라가는 데 어려움이 없을 것입니다. 총 530여 명이 출연하는 이 연극의 내용은 좀 신비로워서 오늘의 철학 토론과 맞지 않을 수도 있지만 대비를 통해서 여러분의 머리를 식히는 것도 나쁘지 않을 것 같습니다. 100년 묵은 여우가 여자로 변신하여 나무꾼과 사랑을 나누는 동화 같은 이야기입니다. 아무쪼록 즐거운 시간이 되기를 바랍니다.

통칭 천문산쇼로 실제로 이 공연에서는 한국어와 영어 자막을 제공하고 있다.
「천문호선」은 우리나라 「견우와 직녀」 이야기에 구미호라는 요소를 넣어 각색한 것이다.

03

∞

철학, 종교를 비판하다

강물 청중 여러분, 잘 주무셨습니까? 중국의 맛있는 요리도 많이 드시고 자연을 배경으로 한 웅장한 뮤지컬을 잘 감상하셨으리라 믿습니다. 하늘에서 반짝이는 별, 조명등처럼 떠오르는 보름달, 산 정과 산정 사이를 날아다니는 여우들, 어두운 밤을 타고 들려오는 여우들의 울음소리와 사람들의 노랫소리, 이 모든 것에 저는 개인 적으로 큰 감명을 받았습니다. 장가계처럼 천혜의 지형을 가진 곳 이 아니면 감히 공연을 생각할 수도 없는 연극입니다.

기독교의 피가 흐르는 철학자들

강물 그럼 오늘의 토론을 시작하겠습니다. 오늘도 계속 수고해주실 포이어바흐와 니체 선생님께 다시 한 번 감사를 드립니다. 오늘의 첫 번째 토론 주제는 종교입니다. 어제의 토론에서 언급이 되었습니다만 두 선생님께서는 항상 종교 문제에 특별한 관심을 갖고 계십니다. 포이어바흐 선생님은 『기독교의 본질』과 『종교의 본질에 대한 강의』라는 책을, 니체 선생님은 『반기독교도』라는 책을 통해서 직접 종교 문제를 다루었습니다. 그 외에도 두 선생님은 많은 저술에서 종교 문제를 언급했습니다. 먼저 왜 철학자이신 선생님들이 종교 문제에 그렇게 많은 관심을 가졌는지에 대해서 말씀해주시기 바랍니다.

F 어제도 잠깐 언급했습니다만 사실 대학에서 헤겔 철학을 알기까지 나는 기독교 신자였습니다. 종교의 긍정적인 측면을 연구하는 것을 내 일생의 과제로 삼으려던 시기였지요. 그러나 헤겔 철학의 모순을 알게 되고 헤겔 철학을 비판하면서 나는 기독교 자체의 모순을 알게 되었습니다. 기독교를 비판하는 입장으로 기울어진 거죠. 헤겔 철학은 세속화된 기독교에 불과하다는 것이 나의 결론이었습니다. 당시 독일의 사회적 배경도 나의 기독교 비판을 촉진하는 계기가 되었습니다. 기독교와 정권이 야합하여 독일의 통일과 민주화를 가로막고 있었기 때문에 나를 비롯한 헤겔좌파(혹은 청년헤겔파) 지식인들은 종교 비판을 통해 절대군주제를 무너뜨리고 민주적인 시민사회로 나아가는 길을 개척하려 하였습니다.

N 기독교 가정에서 태어난 나의 몸에도 기독교의 피가 흐르고 있

없습니다. 그러나 나는 고등학교에서 인문학, 특히 그리스 예술과 철학을 배우면서 휴머니즘이 무엇인가를 알게 되었습니다. 쇼펜하우어의 철학과 바그너의 음악을 통해서 인간의 운명과 역사를 주도하는 결정적인 요인이 이성적인 것이 아닌 본능과 연관되는 의지라는 것을 깨달았고 전자를 '아폴론적인 것', 후자를 '디오니소스적인 것'이라 불렀습니다. 나는 나의 처녀작 『비극의 탄생』에서 이 두 원리가 그리스 예술뿐만 아니라 그리스인들의 삶을 지배하는 원리라는 것을 규명하려고 시도했습니다. 그리고 한 민족의 예술이나 삶에서 '아폴론적인 것'이 지배할 때 이 민족은 필연적으로 허약해져 몰락하게 되고 '디오니소스적인 것'이 지배할 때 힘을 얻고 강성해진다는 결론을 얻었습니다. 나는 모든 종교 혹은 종교적인 것은 '아폴론적인 것'의 연장이라고 생각했어요. 그러므로 인류의 삶을 구제하기 위해서 나는 종교를 비판하지 않을 수 없었습니다.

종교의 본질

강불 쇼이어바흐 신생님께서는 종교의 본질에 대한 연구를 계속했는데 거기서 얻은 결론을 요약해주십시오.

F 인간은 상상력이 풍부한 동물입니다. 그러나 불완전한 존재이므로 수많은 제한 속에서 살아가지요. 고통과 궁핍은 인간을 떠나지 않습니다. 그러므로 인간은 상상력을 동원하여 그러한 제한을 벗

어나려 합니다. 그 결과 인간은 완전한 존재를 생각해내고 그것을 신이라 부르게 되었습니다. 신이라는 완전한 존재를 상상하면서 인간은 현실적인 불행으로부터 해방되며 행복을 느끼는 거죠. 결국 신이 인간을 창조한 것이 아니라 인간이 신을 창조한 셈입니다. 인간은 스스로의 모습이나 특성에 따르는 최상의 것을 신이라는 개념 속에 전이시켜 신성화했습니다. 그러므로 신의 본질 속에는 인간의 본질이 응집되어 있습니다. 나는 그러한 사실을 "신에 대한 인간의 의식은 인간의 자의식이고 신에 대한 인식은 인간의 자기인식이다"라는 말로 요약했습니다. 그런데 인간을 위해 인간이 창조한 신이 실제로 존재하는 것처럼 인간을 지배하기 시작했어요. 인간이 신 앞에 무릎을 꿇고 복종하며 자신을 비하하게 된 겁니다. 그것이 바로 '종교적 소외'이며 철학의 과제는 이러한 소외로부터 인간을 해방시키는 데 있습니다. 다시 말하면 인간이 신을 창조했다는 사실을 확신시켜 인간이 우주의 주인이 되도록 해야 하는 거죠. 인간이 인간에게 바로 신입니다.

강물 아마 그런 의미에서 포이어바흐 선생님이 "신이 나의 첫 번째 생각을, 이성이 나의 두 번째 생각을, 그리고 인간이 나의 마지막 세 번째 생각을 사로잡았다"라 말씀하신 것 같습니다. 그런데 포이어바흐 선생님의 종교 비판은 지난날 프랑스 계몽주의철학*에서 나타난 종교 비판과 어떻게 다릅니까?

F 프랑스 계몽주의철학의 종교 비판에서는 종교가 발생하고 존속하는 근본 요인을 성직자들의 속임수와 그에 속아 넘어가는 민중의 우매함에서 찾았습니다. 나는 그것을 넘어 인간이 신을 만들어내지 않으면 안 되었던 심리적 과정을 추적한 것입니다.

강물 포이어바흐 선생님께서 이성적으로 냉정하게 종교의 발생 동기 및 종교의 교리가 지니는 모순을 분석해주셨다면 니체 선생님께서는 화가 나서 종교에 욕과 저주를 퍼부었습니다. 예컨대 니체 선생님은 『반기독교도』라는 책에서 기독교를 '이 세상에서 가장 부패한 종교'로 낙인찍었고 성직자를 기생충이라 모멸했습니다. 그에 관해서 하실 말씀이 있는지요?

N 사실입니다. 나는 기독교를 저주하고 성직자들을 모멸했습니다. 이들은 내세를 앞장세워 현세의 삶을 약화시키는 해독(害毒)자이기 때문입니다. 그러나 지금 생각하면 내 방식이 잘못되었던 것 같아요. 피를 내고 큰소리를 지르는 사람은 싸움에서 지기 때문입니다. 이런 점에서 포이어바흐 선생의 선견지명을 높이 평가합니다. 그러나 나의 의도만은 건전했고 지금도 옳다고 확신합니다. 기독교를 비롯한 종교가 연명하는 한 인류의 삶은 퇴조(退潮)할 수밖에 없습니다.

강물 포이어바흐 선생님은 "철학은 종교에서 멀어질수록 참된 철학이 된다"고 말씀하셨는데 그렇다면 현대철학, 특히 종교 문제에서 중립을 표방하는 것 같은 실증주의*나 분석철학*에 대해서 어떻게 생각하십니까?

F 여러분도 아시는 것처럼 중세에서는 철학이 신학의 하녀가 되어 제구실을 하지 못했습니다. 중세가 무너지면서 철학은 본래의 철학으로 복귀하려 하였고 거기에는 투쟁과 박해도 있었습니다. 앞에서 증언했던 근세의 철학자 브루노는 우주가 무한하다고 주장하다가 종교재판을 받고 화형당했습니다. 근세 계몽기의 많은 예술가들과 철학자들이 종교의 모순을 비판했다는 이유로 박해를 받았습니다. 스피노자가 파문당했고 디드로나 홀바흐도 자신의 책들을 익명으로 출간해야 했지요. 칸트도 『이성의 한계 내에서의 종교』라는 저술 때문에 당국의 경고를 받고 더 이상 종교 문제를 건드리지 않겠다고 약속했고요. 헤겔은 베를린 대학 총장이 되기 위해서 종교와 화해했습니다. 나 자신도 인간의 개인적인 영혼이 육신과 더불어 사라진다고 주장하다가 대학에서 교수가 될 수 있는 기회를 잃고 말았지요.

현대철학자들 가운데 유물론철학자들은 확고하게 종교를 부정하고 철학의 독자성을 주장합니다만 대부분의 관념론철학자들은 종교와 타협하거나 적어도 종교 비판을 삼가하고 있습니다. 프랑스 계몽철학자 볼테르는 신이 존재하지 않는다는 사실을 확신하면서도 "신이 없으면 만들어야 된다"고 말했으며 미국의 실용주의철학자들은 신이 없는 것은 사실이지만 신은 인간생활에 유용하기 때문에 신을 부정할 필요가 없다고 말합니다.

실증주의나 분석철학은 다 같이 주관적 관념론에 속하며 신은 그 존재유무가 논리적으로 증명되지 않기 때문에 철학이 다룰 문제가 아니라고 말합니다. 나는 그러한 주장이 무책임하고 기회주의적이라고 생각합니다. 인간의 행·불행에 관심이 없는 철학은 철학이 아니며 말장난에 불과합니다. 종교가 인간의 불행에 끼치는 영향은 실로 지대합니다. 인간을 사랑하는 철학자가 그것을 외면할 수는 없습니다.

강물 니체 선생님은 여기에 대해서 어떻게 생각하십니까?

N 나도 포이어바흐 선생님의 말에 전적으로 동의합니다. 종교에 대해서 말하기를 꺼려하는 소인배들의 철학은 용기가 없는 철학입니다. 초인의 철학과는 너무나도 거리가 멀지요. 그들은 종교에 관해서 중립을 지키는 척하면서 내심 종교를 지지하고 있습니다. 많은 실증주의자들이나 분석철학자들이 기독교 신자였다는 사실이 그것을 잘 말해주고 있습니다. 철학자들은 솔직해야 합니다. 욕을

먹고 박해를 받을망정 없는 것은 없다고 말할 수 있는 용기를 가져
야 합니다.

(청중 박수 -)

강물 러셀 선생님이 발언을 요청했습니다.

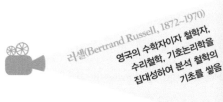

러셀(Bertrand Russell, 1872~1970)
영국의 수학자이자 철학자,
수리철학, 기호논리학을
집대성하여 분석 철학의
기초를 쌓음

러셀 나는 포이어바흐 선생이 말하는 신실증주의 혹은 분석철학에
가까운 철학자입니다만 종교 문제에서 무신론자 혹은 반기독교도
였습니다. 나의 책 『나는 왜 기독교인이 아닌가』가 그것을 잘 말해
주고 있습니다. 나는 그 때문에 미국 뉴욕 대학의 교수직 임명에서
불이익을 당했습니다. 그러니까 실증주의적 철학자가 모두 종교 문
제에서 기회주의적이라는 포이어바흐 선생의 판단은 꼭 맞는다고
생각하지 않습니다.

F 실천적인 면에서 러셀 선생은 무신론자였을지도 모릅니다만 이

론적으로는 확실한 무신론을 주장하지 못했습니다. 선생의 철학이 관념론을 벗어나지 못했기 때문입니다. 예컨대 선생은 1948년 영국 BBC 방송이 주최한 토론회에서 가톨릭철학자이며 신부인 코플스톤과 신의 존재 문제를 둘러싸고 논쟁을 벌였습니다. 이 논쟁에서 선생은 확고한 무신론자가 아니라 신이 존재하는지, 존재하지 않는지 알 수 없다는 불가지론자로 나타났습니다. 이처럼 관념론자들은 확고한 무신론자가 되기 어렵습니다. 니체와 사르트르 선생은 예외인데 이 두 철학자는 주관적 관념론자이면서도 철저한 무신론에 접근했습니다.

불교는 철학에 가깝다?

강물 신이 없는 종교인 불교에 대한 니체 선생님의 생각은 어떠합니까?

N 내가 기독교에 비하여 불교를 좀 봐준 것은 사실입니다. 신을 전제도 하지 않는 불교가 철학에 더 가깝기 때문입니다. 그러나 불교도 하나의 종교입니다. 종교와 철학은 양립할 수 없습니다. 하나가 진리이면 다른 것은 진리가 아니에요. 여러분이 잘 아시는 것처럼 나의 철학적인 스승인 쇼펜하우어는 어렸을 때 인도철학에 관한 책을 읽고 염세주의*적인 철학자가 되었습니다. 나는 그의 염세주의를 극복하는 데 많은 노력을 기울였지요. 나는 불교에서 말하

는 '해탈'이 결국 '무에의 동경'에 지나지 않는다고 생각합니다. 기독교가 원죄와 싸운다면 불교는 세상의 고통을 피하려 합니다. 그러나 고통은 피해야 할 것이 아니라 싸워 극복해야 할 필연적인 것입니다. 그러므로 얼마나 고통을 잘 감수하느냐에 따라 인간의 위대성이 결정되는 거죠. 불교는 아집을 버리라고 강조하지만 아집을 버린다는 것 자체가 하나의 욕망이고 환상입니다. 자기가 없어지면 세계도 없고 남는 것은 허무뿐이에요. 불교 때문에 아시아인들이 잘 길들여진 것은 역사적인 사실입니다. 불교에서는 공과 무를 구분합니다만 그것은 주관적인 생각에서만 가능한 언어적인 유희지요. 삶을 있는 그 자체로 인정하고 사랑하라는 것이 내 철학의 출발점입니다. ❞

강물 포이어바흐 선생님의 불교에 대한 평가는 어떠합니까?

F 근본적으로 니체 선생의 의견에 동의합니다. 인간은 우주의 중심이고 자연의 일부이지만 동시에 자연의 영장입니다. 인간의 이성은 인간 종족이 영원히 우주의 중심에 서서 주인이 된다는 것을 확신해갑니다. 그러므로 나는 철학이 종교에서 멀어질수록 참된 철학이 된다고 말했는데 불교도 참된 철학과는 거리가 먼 하나의 종교입니다. 참된 철학에는 세계의 주인으로서의 인간이 자리 잡아야 합니다.

강물 그럼 종교 비판에서 포이어바흐 선생님의 이론까지도 비판한 엥겔스 선생님의 견해를 들어보기로 하겠습니다.

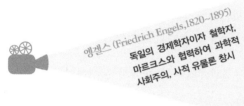

엥겔스 (Friedrich Engels, 1820~1895)
독일의 경제학자이자 철학자, 마르크스와 협력하여 과학적 사회주의, 사적 유물론 창시

엥겔스 나는 어렸을 때 비교적 부유한 가정에서 자랐습니다. 공장주의 아들이었거든요. 그러나 고등학교 시절부터 종교에 실망했습니다. 나는 아름다운 시골에서 자랐는데 고향의 아름다움은 날품팔이꾼뿐만 아니라 대부분의 직물직공, 직조공, 염색공과 표백 공들이 꾸려나가야 하는 비참한 생활과 뚜렷한 대조를 이루었습니다. 나는 가난한 일꾼들이 술을 마시고 현실을 잊으려 하는 모습을 보았고 적은 임금을 받고 혹사당하는 부녀자와 아이들의 비참한 모습도 보았습니다. 자기들은 편안히 살면서 아이들을 혹사시키고 노동자를 착취하는 공장주들이 주말에는 평온한 모습으로 교회에 갑니다.

고등학교에 다니던 시절 수업시간에 한 학생이 무신론이 무엇인가라 묻자 선생이 "무신론을 주장하는 사람은 괴테와 같은 사람이다"라 답하더군요. 나는 이 대답을 듣고 무척 놀랐습니다. 내 상식으로 괴테는 무척 훌륭한 사람이었거든요. 나는 훗날 훌륭한 선배인 맑스를 만나 같이 연구하고 토론한 끝에 "종교는 민중의 아편이다"는 결론에 도달했습니다. 종교의 발생을 인간의 이기적인 본성에서 추론해내려는 포이어바흐 선생의 시도에 만족하지 않고 사회적 조건과 연결시켰지요. 결국 종교도 도덕, 철학, 예술, 학문처럼 일종의 사회의식이며 경제관계라는 토대에서 발생한 상부구조입니다. 그러므로 종교는 그 시대의 경제관계의 구조 안에서 해명되어야 합니다. 동시에 허위의식으로서의 종교가 사라지기 위해서는 이론적인 인식만으로 불가능하다는 사실을 강조했습니다. 포이어바흐 선생의 철학만으로 불가능한 것입니다. 종교가 발생하고 지탱하는 사회관계의 변혁이 필수적입니다. 다시 말하면 실천적인 사회혁명을 통해 사회의 근본구조가 변하지 않는 한 종교는 사라지지 않습니다. 종교는 비참한 사회관계에 대한 항변의 표시이지만 이 항변은 적극적인 투쟁으로 나아가지 못하고 소극적인 자기위로로 머뭅니다. 그러므로

맑스와 그의 가족, 그리고 엥겔스

지배계층은 항상 보다 효과적인 지배를 위해서 종교를 이용합니다. 종교 속에서 인간은 지상에서 도달하지 못한 행복을 내세에서 꿈꿉니다. 그리고 행복하다는 환상에 빠집니다. 마치 감옥에서 족쇄를 차고 있는 죄수가 꿈속에서 자유를 맛보며 행복을 느끼는 것과 비슷하죠. 아편환자들도 아편을 맞으면서 육체적, 정신적 고통을 잊고 행복을 느끼잖아요. 포이어바흐 선생은 인간이 철학적으로 종교적인 환상을 벗어나 각성을 하면 자유롭고 행복한 삶을 누릴 수 있다고 생각하는 것 같습니다. 그러나 사회적 모순이 존속하는 사회에서 결코 종교는 사라지지 않습니다. 💬

이전에는 자연에 대한 불안과 공포가 종교의 온상이었다면 오늘날에는 자본의 횡포, 기아와 실업, 전쟁에 대한 불안 등이 많은 사람들을 종교로 도피하게 만듭니다. 사회가 혼란하고 모순이 많으면 많을수록 종교가 팽창하는 이유가 여기에 있습니다. 종교가 사라짐으로써 인간중심의 인간다운 사회가 실현되는 것이 아니라 착취가 사라지고 인산이 인산답게 살 수 있는 사회가 만들어져야 비로소 종교가 사라집니다. 역사를 되돌아보면 기독교가 자본주의국가들의 식민지 개척에 이용되었다는 사실이 잘 드러납니다. 구미열강이 제3국가들을 침입할 때 기독교가

맑스와 엥겔스 기념상

이념적으로 선구적인 역할을 했습니다. 다른 나라를 침입할 때 총 칼에만 의존하는 것이 아니라 구원이라는 미명 아래 선교사를 파 견하여 그 지역 주민들을 기독교화하면 정복이나 지배가 훨씬 더 용이했던 것입니다. 실제로 인디언을 정복할 때 기독교가 보조 역 할을 했다는 사실은 잘 알려져 있습니다. 오늘날에도 종교가 많은 지역에서 침략과 지배를 도와주고 있습니다.

N 엥겔스 선생의 주장은 너무 급진적이고 일면적입니다. 엥겔스 선 생의 주장대로 노동자가 주인이 되는 평등한 사회가 오면 초인이 나 올 수 있는 가능성도 사라져 인류는 전체적으로 퇴보하고 맙니다.

강물 이 문제는 정치와도 연관되기 때문에 정치를 다루는 다음 토 론에서 더 자세하게 다루기로 하면 좋겠습니다. 이란에서 긴급 질 문을 신청했습니다. 나와주세요.

긴급
질문자 나는 테헤란에서 종교를 연구하는 자유로운 학자 하산입 니다. 니체 선생님에게 묻겠습니다. 선생님의 주저에 등장 하는 차라투스트라는 고대 페르시아의 종교 창시자인 조로아스터[9]

---

9 고대 페르시아의 종교가로 조로아스터교의 창시자이다. 세계는 선신과 악신의 투쟁장이며 결국 선신이 이기게 된다고 역설하였다.

와 어떤 연관이 있습니까?

N 내가 조로아스터라는 인물로부터 차라투스트라라는 이름을 만들어낸 것은 사실입니다. 조로아스터와 차라투스트라 사이에는 공통점이 있지요. 조로아스터는 웃으면서 태어났다는 전설이 있는데 차라투스트라도 웃음을 높이 평가합니다. 둘 다 방랑자였고 동물을 친구로 삼았습니다. 조로아스터에게는 늑대와 말이, 차라투스트라에게는 독수리와 뱀이 길동무가 됩니다. 그러나 이러한 외형상의 유사점은 결정적인 요인이 아닙니다. 내가 조로아스터를 존중한 것은 그가 새로운 도덕의 창시자로서 용감하게 전통을 무너뜨리려 했기 때문입니다. 조로아스터가 창시한 종교인 조로아스터교는 선한 신과 악한 신을 다 같이 인정하는데 그것이 나의 마음에 들었습니다. 내가 사랑하는 디오니소스적인 것은 악한 신의 특징을 간직하고 있거든요. 세상에 악이 없다면 선도 의미가 없어지며 선과 악은 항상 혼재해 있다는 것이 나의 지론입니다. **"**

04

철학과 정치의 만남

강물 지난 토론에 이어 이제 정치와 연관된 토론을 시작하겠습니다. 먼저 두 선생님들이 실제로 어떤 정치 활동에 참여했는지가 궁금합니다만 두 분 모두 정치 활동에는 거의 참여하지 않고 저술에만 전념한 것으로 알고 있습니다. 그러므로 선생님들의 철학이 어떤 정치적 이상을 지향하는지에 토론의 초점을 맞추겠습니다. 먼저 철학과 정치의 연관성에 관해서 말씀해주시기 바랍니다. 포이어바흐 선생님께서 시작해주세요.

철학과 정치의 연관성

F 인간의 삶에서 정치는 핵심적인 위치를 차지합니다. 인간의 삶을 포괄적으로 연구하여 인간이 어떻게 살아야 하는가를 가르쳐주

는 철학은 직접적이든 간접적이든 정치를 외면할 수 없습니다. 종교 문제에 집착하여 저술했지만 나는 항상 정치 문제를 안중에 두고 있었습니다. 종교와 정치는 직결되기 때문입니다.

N 동감입니다. 어떤 사람들은 내가 순수한 철학을 했고 정치와는 무관하다고 해석하려 합니다만 그것은 무지의 소산에서 나온 편견입니다. 아마 나처럼 정치에 관심이 있었던 철학자도 드물 테지요. 정치에 대한 나의 관심을 상징적으로만 해석하려는 우둔한 철학자들은 내 이름을 입에 담을 자격이 없습니다.

강물 니체 선생님은 독일의 통일 문제에 관심을 가졌고 그래서 독불전쟁[10]이 일어나자 자원해서 위생병으로 참여한 걸로 알고 있습니다. 포이어바흐 선생님은 잠깐이지만 정치 활동에 직접 참여하신 것으로 알고 있고요. 거기에 대해서 두 분 선생님께서 말씀해주세요.

N 나는 항상 내가 이상으로 아는 초인이 위대한 정치가 속에서 실현되기를 바랐습니다. 제가 활동하는 동안 그런 정치가가 나타나지 않았지만 카이저나 나폴레옹, 무솔리니 같은 인물 속에서 그와 근접한 정치가의 모형을 찾았지요. 나는 민주주의를 기반으로 하

---

10   비스마르크의 프로이센과 나폴레옹의 프랑스 간의 전쟁(1870~1871)을 말한다.

는 '소정치'가 아니라 귀족주의를 기반으로 하는 '대정치'(혹은 '위대한 정치')가 실현되기를 기다렸습니다. 초인을 정치를 떠난 도인이나 정신적인 영웅으로 이해하는 것은 큰 잘못입니다.

군대에서 포병으로 활동하던 당시 니체(1868)

F 나는 1848년 5월에 잠시 주위의 권유에 따라 프랑크푸르트 국민의회에 대의원으로서 참여한 적이 있는데 의회의 무능력, 다시 말하면 부르주아 계급의 무능력을 간파하고 의회활동을 포기하였습니다. 한 사람이 모든 것을 할 수는 없습니다. 사람은 누구나 자기 나름대로의 능력이 있고 그것에 집중해야 하지요. 나는 나의 능력이 정치적인 실천 활동보다도 저술 활동에 적합하다는 것을 깨달았습니다. 어떤 철학 이론이 한 사람에게만 한정되어 있을 때는 이론적이지만 많은 사람의 공감을 얻으면 실천적이 된다는 게 나의 생각입니다. 그런 의미에서 나중에 맑스도 "이론이 대중을 사로잡을 때 물질적인 힘이 된다"고 말한 것 같습니다.

맑스 vs. 포이어바흐

강물 두 선생님의 정치적 견해는 두 선생님의 활동 시기와 맞물려 있는 맑스주의의 사회이론과 떼어놓을 수 없는 관계에 있었다고 생각합니다. 우선 맑스주의에 대한 선생님들의 평가를 들어보기로 하겠습니다.

F 나의 철학은 맑스주의 철학이 성립하는 데 결정적인 역할을 했다고 생각합니다. 엥겔스는 1841년에 나온 나의 저술『기독교의 본질』을 보고 "우리는 모두 순식간에 포이어바흐주의자가 되었다"고 말했습니다. 맑스주의 철학의 한 구성 요소인 변증법적 유물론은 나의 철학이 아니면 불가능했다고 말할 수 있습니다. 나는 이런 점에서 자부심을 느낍니다.

　그러나 나와 맑스와의 인간적인 관계는 순탄하지 못했습니다. 파리로 추방당한 맑스는 루게와 함께《독불연감》을 펴냈는데요. 1843년 10월 3일 그는 나에게 편지를 보내 '나의 저술로 미루어보아 그 이념이《독불연감》의 정신과 어긋나지 않는다'며 보수적이고 종교적인 철학자 셸링을 비판하는 글을 실어주도록 부탁하더군요. 나는 회답하지 않았습니다. 나는 종교 비판을 통한 인간의 윤리적·정신적 개혁에만 전념하려 했기 때문입니다. 맑스는 인간 해방의 심장을 프롤레타리아트에서, 그 두뇌를 철학에서 찾으려 했습니다. 때문에 나의 소극적 태도를 비판하면서 내가 자연과는 너무 많이 연관되었으며 정치와는 너무 적게 연관되었다고 지적했지요.

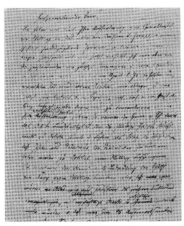

포이어바흐가 맑스에게 보낸 편지(1843)

나는 당시 사회혁명에 반대하고 점진적인 개혁에 의한 자유 민주주의적이고 공화주의적인 정치의 실현을 염원했습니다. 그러므로 1848년의 독일 시민혁명에도 참여하지 않았고요. 물론 나는 스스로를 공산주의자라 말한 적이 있으나 내가 말하는 공산주의는 '나와 너의 관계가 공통적으로 실현되는 이성적인 사회'를 의미했습니다. 나는 나의 능력과 한계를 잘 알고 있었습니다.

강물 그럼 맑스 선생님에게서 포이어바흐 선생님에 대한 평가를 들어보기로 하겠습니다.

맑스(Karl Marx, 1818~1883)
독일의 경제학자이자 정치학자이며 철학자, 독일관념론과 공상적 사회주의 및 고전경제학을 비판하며 과학적 사회주의를 창시

맑스 나는 『독일 이데올로기』라는 책에서 포이어바흐의 철학이 지니는 한계를 조목조목 비판했습니다.

첫째, 포이어바흐의 철학은 너무 감성적 직관에 머물러 실천 활동으로 나아가지 못한다. 다시 말하면 포이어바흐는 생산 활동과 분리된 인간의 감성을 너무 강조했다. 둘째, 포이어바흐는 경제적인 변혁을 통한 인간의 해방을 이해하지 못했다. 그가 강조하는 종교적 해방은 인간 해방의 한 부분에 속할 뿐 참된 해방이 되지 못한다. 셋째, 포이어바흐는 인간을 유적본질로 파악했는데 그것도 매우 추상적이다. 인간의 본질은 '사회관계의 총체'로서 파악되어야 한다. 다시 말하면 사회의식과 역사의식이 근간이 되는 인간 이해가 필요하다. 이러한 문제에서 포이어바흐는 매우 소극적이었다. 포이어바흐는 뒤로 보아서는 매우 진보적이었으나 앞으로 보아서는 매우 보수적이었다.

이러한 비판과 함께 나는 결론적으로 "철학자들은 세계를 다양하게 해석했을 뿐이다. 중요한 것은 세계를 변혁하는 일이다"라 말했습니다. 그렇습니다. 포이어바흐의 철학적 과제는 세계의 해석에 있었을 뿐 세계의 변혁을 목표로 하지 않았습니다.

강물 포이어바흐 선생님은 이론을 통한 간접적인 변화를 추구한 것 같습니다. 니체 선생님은 맑스주의에 대하여 어떻게 생각하십니까?

N 나는 처음부터 노동운동의 이념을 제공하려 했던 맑스주의 철학에 반발을 느꼈습니다. 민주주의와 사회주의를 지향하는 철학을 다 함께 비판했지요. 인간이 평등하게 되면 인류가 퇴보하기 때문입니다. 엘리트가 대중을 강인하게 이끌어가야 인류는 발전합니다. 노동자가 성장하면 할수록 인류는 퇴보하고요. 사회주의는 결국 바보들의 독재이며 희망이 없는 장난에 불과합니다. 복수심으로 들끓는 천민들의 반란에 의하여 고귀한 사회가 파멸하고 맙니다. 나는 나의 저술에서 분명히 말했습니다. "노예가 바람직하다면 노동자들을 교육시켜 주인이 되게 하는 것은 바보짓이다." "넘어지고 있는 것은 차버려야 한다." "옳은 것은 아무것도 없다. 모든 것이 허용된다." "삶은 그 자체가 근본적으로 획득이며, 가해며, 낯설고 약한 것을 압도하는 것이며, 억압이며, 강함이며, 자기형식을 강요하는 것이며, 동화이며, 가장 부드러운 형식을 사용한다 해도 착취다." 이러한 말들은 바로 맑스주의를 겨냥한 것입니다. 💬

강물 맑스 선생님의 반론은?

맑스 인간에 의한 인간의 착취를 신성화하는 철학자에게는 할 말이 없습니다.

강물 그럼 잠깐 화면을 통해 현재까지 존속하고 있는 사회주의 국가에서 나온 철학사전에 소개된 두 선생님의 평가를 간단히 살펴보겠습니다. 맑스주의와 연관하여 중요한 자료가 될 수 있다고 생각합니다.

다음은 구소련의 영향을 받은 조선민주주의인민공화국에서 나온 『철학사전』에서 발췌한 것입니다. 이 사전은 한국에서도 출간되었고요. 화면을 보기 전에 한 가지 양해 말씀을 구하겠습니다. 포이어바흐 선생님의 이름이 동양에서는 발음하기가 좀 어려운 까닭으로 표기가 일정하지 않습니다. 이 사전에는 포이에르바하로 표기되어 있습니다.

포이에르바하[Ludwig Feuerbach] ① 포이에르바하는 관념론과 종교의 사상적 친족관계를 까밝히면서 종교적 관념의 인식론적 근원을 해명하고 그를 인간에 비판하였다. 그는 헤겔철학을 관념론철학의 최종점이고 완성이라고 하면서 그의 신학적 및 신비주의의 본질을 밝혔다. 그러나 그는 헤겔철학의 진보적 측면을 응당한 높이에서 평가하지 못하였으며 변증법의 '합리적 알맹이'를 보지 못하였다. 포이에르바하는 기독교를 포함한 종교의 본질을 폭로하고 세계의 유일한 지배자로서의 신에 대한 사상은 지상의 통치자, 신의 대리자로서의 왕의 출현과 관련되어 있으며 신이 사람을 창조한 것이 아니라 사람이 신을 창조했다는 것을 밝혔다. 동시에 그는 종교의 역할을 과대평가하는 결함을 나타내었다. 그에 의하면 인류 역사는 종교의 역사에 귀착되며 역사의 시대 구분도 종교의 발전에 의해 규정된다. 뿐만 아니라 인간을 중심으로 하는 '신 없는' 종교, '사랑의' 종교를 만들어낼 것을 주장하였으며 종교의 진정한 사회계급적 근원을 보지 못하였다. 포이에르바하의 철학은 일련의 제한성에도 불구하고 당대의 선진적 사상 발전에 거대한 영향을 주었다.

니체[Friedrich Wilhelm Nietzsche]인 독일의 관념론적 '생의 철학'의 대표적 인물이며 파시즘의 사상적 선각자. 니체의 철학은 파쇼*적 폭압을 부르짖는 '권력의지'설과 제국주의의 세계재패의 야망을 반영한 세계주의 및 인종론, 인민대중에 대한 야수적 증오와 제국주의 독재자에 대한 광신적 예찬 등 파쇼적 사상으로 일관되어 있다. 니체는 침략과 약탈을 어떠한 도덕, 종교 등에 의해서도 '제약'을 받지 않으려는 제국주의자들의 요구에 맞게 모든 것을 재편성할 것을 부르짖었다. 그는 종래의 모든 정치, 법률, 철학, 예술, 도덕, 종교 등을 거부하고 '새로운 가치평가'의 원리에 의하여 제국주의자들의 파렴치한 요구에 맞는 '새 규범'을 정식화할 것을 제창하였다. 바로 이것이 그 악명 높은 '일체 가치의 재평가'이다. 니체는 '권력의지' 즉 제국주의적 폭력을 체험한 파쇼분자의 출현을 갈망하여 '선악의 피안'에 서 있는 야수적인 '초인'에 대한 얼빠진 환상을 그려내었다. 그리고 자본주의 제도의 '영원성'을 설교하기 위하여 역사 발전의 합법칙성을 거부하고 그에 '영구회귀'를 대치시켰다. 그리하여 니체의 반동철학은 '일체 가치의 재평가'의 구호 밑에서 세계의 근원을 '권력의지'로 보고 '초인'을 윤리적 이상으로 보며 '영구회귀'를 세계의 운명으로 보는 사변적 체계로 조작되었다. 니체는 인민대중을 노예로, 소와 말과 같은 무리로 보면서 직업동맹의 존재, 노동자들에 대한 선거권 부여를 극력 반대하였다. 그는 자라나는 노동계급의 혁명운동을 진압하기 위해서는 수단과 방법을 가리지 말아야 한다고 하면서 노골적인 비인도주의, 반민주주의, 비도덕적 원칙을 제창하였다. 그리고 근로자들을 순종시키기 위한 '노예의 도덕'과 지배계급을 위한 '귀족적 도덕'을 엄격히 구별했다. 니체는 다윈의 '생존경쟁' 법칙을 악용하여 그것을 자연 및 사회에서 일어나는 모든 과정의 원리로 삼았다. 니체의 반동적인 철학사상은 현대 부르주아 철학의 여러 유파들에 커다란 영향을 미쳤다. 니체의 철학은 파시즘의 멸망으로 섬멸적인 타격을 받았으나 오늘 그것은 또다시 광범하게 부활 선전되고 있다.

강물 니체 선생님이 할 말이 많을 것 같습니다.

N 사회주의 국가에서 나를 비방하는 것은 당연한 일이지요. 나는 결코 위축되지 않습니다. 비난을 많이 받으면 받을수록 오히려 자긍심을 느낍니다. 그러나 내가 한마디 부언하고 싶은 것은 자본주의 독재국가들의 군부 지도자뿐만 아니라 강력하게 국가를 이끌어가는 사회주의 나라의 지도자들도 초인은 아니지만 초인과 가까운 사람이라는 사실입니다. 자본주의냐 사회주의냐가 문제가 아니라 얼마나 강한 국가이냐가 문제입니다.

당신은 변했나요?

강물 정치 문제에 대한 다른 선생님들의 질문을 받겠습니다. 예, 멀리 독일에서 질문 신청이 들어왔습니다.

질문자 저는 포이어바흐 선생과 같은 시대에 살았던 시인 헤르베크입니다. 포이어바흐 선생은 말년에 도자기 공장이 파산하고 생활이 어렵게 되면서 노동자들과 연관을 맺었습니다. 예컨대 1860년에 오스트리아 농민 출신 철학자 도이블러와 친교를 맺었고 1870년에는 뉘른베르크의 사회민주노동당에 가입했습니다. 말년에 맑스의 『정치경제학 비판』을 읽고 연구했다고 말한 적이 있으며 『자본론』에 관해서도 언급했습니다. 선생님의 이념이 변한 것입니까?

F 모두 맞는 말입니다. 나는 종교 비판을 종결하고 말년에 도덕과

인간의 행복에 관한 문제를 연구하였는데 정치·경제적인 문제를 떠나서 이 문제가 해결될 수 없다는 사실을 점차 깨닫게 되었습니다. 그렇다고 맑스주의자가 된 것은 아닙니다. 맑스의 이론을 참고하면서 그의 주장이 매우 현실적이라는 것을 알게 되었던 거죠.

강물 헝가리의 루카치 선생님이 발언을 요청했습니다. 나와주세요.

루카치(Georg Lukacs, 1885~1971)
헝가리의 철학자이자 문학사가,
맑스주의 관점에서 문학사,
사상사, 미학을 연구

루카치 나는 특별히 니체의 철학사상이 나치정권에 미친 이념적인 영향을 추적하였고 그 결과를 『이성의 파괴』라는 책 속에서 자세히 서술했습니다. 내가 연구한 결과에 의하면 나치가 니체의 철학을 이용한 것이 아니라 니체가 그 빌미를 제공했다는 것입니다. 이탈리아의 무솔리니가 청년시절에 사회주의 운동에 가담했다가 니체의 저술들을 읽고 파시스트가 되었으며 그가 독일을 방문했을 때 히틀러가 그에게 호화판 니체전집을 선물했고 히틀러 자신이 『나의 투쟁』이라는 책에서 니체를 82번이나 언급했다는 사실은 이미 잘 알려져 있습니다. 현대 독일의 철학자 하이데거는 니체에 관한 2권으로 된 방대한 저술을 통하여 니체의 철학도 존재를 추구하면서 존재자를 존재로 착각한 서양의 마지막 철학자라고 해

노년의 니체

석했는데 이 책을 읽으면 마치 니체가 정치나 파시즘과 무관한 순수한 철학자인 것처럼 생각됩니다. 그러나 하이데거 자신이 나치시절에 나치당원으로서 총장 취임연설에서 독일학생들이 나치의 정신으로 무장할 것을 강조한 사실에 비추어 하이데거의 니체 해석은 결국 자기변명에 지나지 않습니다. 니체 선생은 히틀러가 중심이 되는 나치정권을 어떻게 평가하는지 말해주기 바랍니다.

N 루카치 선생이 나를 매우 곤혹스럽게 만들었습니다. 나치는 내가 죽고 약 20년이 지나서 나타났습니다. 그러니까 나와 직접적인 연관은 없습니다. 그러면 루카치 선생이 말한 것처럼 나의 철학이 나치의 이념 형성에 도움을 주었을까요? 사실을 부정하지는 않겠습니다. 그 한 예로 나는 블론드 머리털을 가진 고귀하고 우수한 독일 민족을 치켜세우는 말을 한 적이 있습니다. 나치의 철학자들은 이러한 종족 이론을 부각시켰습니다. 그리고 전쟁을 부추기는 데도 사용했지요. 그렇다고 내가 책임을 져야 합니까? 히틀러 정권에 대

한 판단은 보류하겠습니다.

강물 이 문제는 각자의 연구과제로 삼는 것이 좋겠습니다. 이것으로 정치 문제에 대한 토론을 마치고 잠깐 휴식시간을 갖겠습니다.

(청중들 웅성웅성)

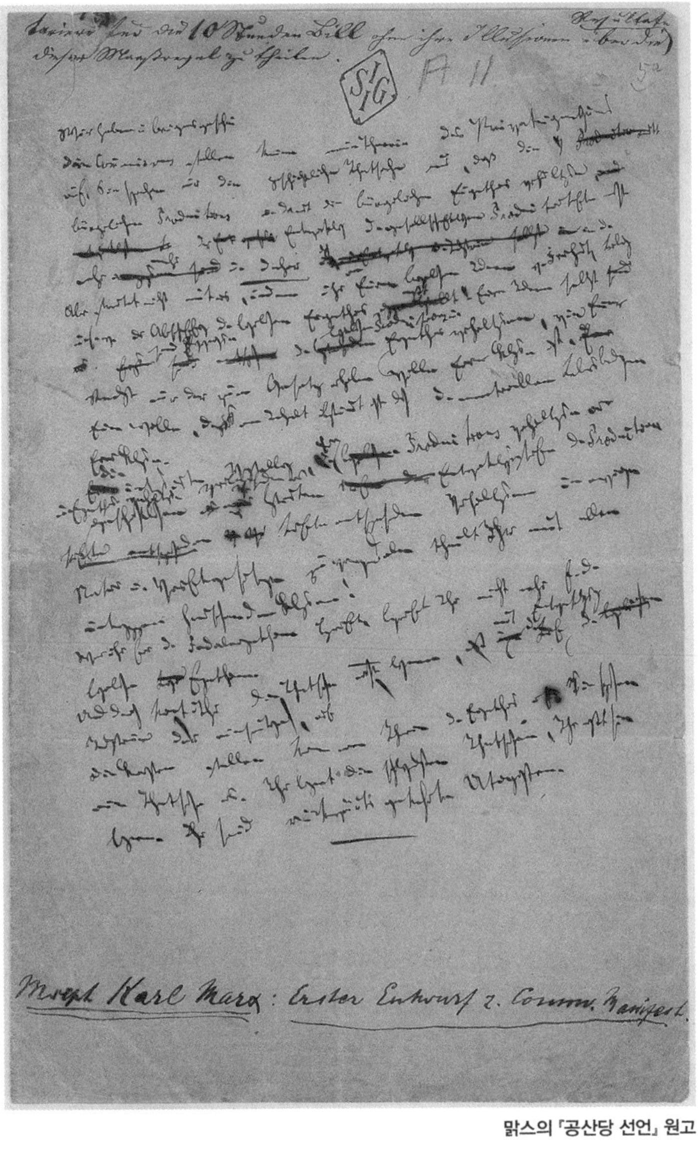
A 11

Mscpt Karl Marx: Erster Entwurf z. Comm. Manifest.

맑스의 「공산당 선언」 원고

05

누구를 위한 도덕인가?!

강물 지금부터 도덕에 관한 토론을 시작하겠습니다. 니체 선생님은 도덕에 관해서 『선악의 피안』, 『도덕계보학』 등의 책을 저술했고 철학연구에서 도덕 문제가 지니는 역할을 매우 중요하게 평가했습니다. 그 이유가 무엇입니까?

N 도덕은 인간의 생활규범을 규정해주는 학문이기 때문입니다. 다시 말하면 선과 악의 척도를 규정하면서 시회가 나아가야 할 방향을 제시해줍니다. 내가 도덕 문제에 특별히 관심을 갖게 된 것은 지금까지 통용되는 도덕이 완전히 잘못되었다고 생각했기 때문입니다.

강물 그럼 선생님의 도덕론을 알기 쉽게 요약해주시기 바랍니다.

N 나는 인류의 도덕을 군주도덕과 노예도덕으로 구분했습니다. 고귀하고 힘센 인간 혹은 집단을 대표하는 군주들은 항상 스스로와 합치되는 행위를 '좋은 것'으로 보고 자기들보다 약하고 못한 사람들의 행위를 '나쁜 것'으로 보았습니다. 그러므로 군주들의 도덕에는 좋은 것과 나쁜 것, 존경을 받는 것과 멸시를 받는 것의 구분은 있었지만 선악의 구분은 없었습니다. 군주도덕에서 선은 정신적·육체적으로 강인하고 고귀함을 나타내는 특성입니다. 힘과 용기를 우선적으로 내세우는 군주도덕은 실제로 군국주의적이고 귀족적인 도덕이었어요.

인류의 초기 단계에서는 군주도덕이 우세했습니다. 생존을 위해 투쟁해야 했던 인간에게 가장 훌륭한 덕목은 용감성이었고 가장 멸시를 받던 행위는 나약과 비겁이었습니다. 그러한 도덕이 노예제 사회에까지 통용되었지요. 그러나 세월이 지나면서 약자들의 반란이 일어났고 약자들은 군주도덕을 노예도덕으로 바꾸어버렸습니다. 그렇게 하여 선과 악의 개념이 발생한 것입니다. 선과 악의 개념을 만들어낸 노예도덕은 강한 자와 풍요로운 삶에 대한 본능적인 증오감에서 발생하였습니다. 군주도덕에서 좋은 것에 해당하는 강한 것, 고귀한 것, 잔인한 것 등이 노예도덕에서 악으로 변하고 군주도덕에서 나쁜 것으로 생각되었던 동정, 인내, 겸양 등이 노예도덕에서는 선으로 바뀌게 되었습니다.

노예도덕이 발생하게 되는 과정을 성직자를 예로 들어 설명해봅시다. 성직자는 병든 자의 요구를 수용하기 위해서 스스로의 지배력을 무력화시키지 않으면 안 되었습니다. 무력하고 약한 자의 보호자가 되어 무력한 무리들을 강자로부터 보호하는 것이 그의 과제였습니다. 주인과 강자는 이제 이들의 원수가 되었고 이러한 적을 무찌르기 위해서 약자의 모든 무기, 곧 간계와 속임수가 총동원되었습니다. 더 나아가서 성직자는 이러한 무리들이 스스로의 명령과 지배에 잘 복종할 수 있도록 교묘한 수단을 만들어내었습니다. 현실을 왜곡하고 내세에서의 처벌이라는 공포를 만들어낸 것이죠. 이러한 성직자 풍의 기질이 가장 잘 발달한 민족이 유대인이었으며 어려운 생존조건 속에서 삶을 유지해야 했던 유대인에게서 노예도덕이 가장 잘 발달하였습니다. 유대교가 만들어놓은 도덕적인 가치들을 기독교가 물려받았으며, 노예도덕으로 지탱되고 있는 점에서 기독교 및 다른 종교들은 모두 허무주의의 온상이 되었습니다. 현세의 생을 부정하고 있지도 않은 것에 눈을 돌리기 때문입니다. 불교도 여기서 예외가 아니었습니다. 불교는 삶 그 자체의 가치를 부정하면서 사랑과 동정을 최고의 덕목으로 간주하지요. 소크라테스 이후 지금까지의 서구 역사는 그러므로 군주도덕에 대하여 노예도덕이 승리를 쟁취해온 역사입니다. 노예의 분노가 만들어놓은 도덕, 그들의 지도자가 만들어놓은 의식적이고 무의식적인 기만, 도덕적인 금욕들이 서구인을 지배해왔습니다. 그리스의 전통과 귀족주의적인 이상을 받아들이고 강화시키려는 로마인과 복수심에 불타 노예도덕으로 무장한 유대민족과의 투쟁이 시작되었고 이러한 투쟁에서 승리한 것이 노예도덕이에요. 그 결과 로마가 멸망하였고 서구는 완전히 허무주의에 빠지게 되었습니다. 이제 이러한 허무주의를 극복하고 군주도덕으로 무장한 새로운 인간이 도야되어야 한다는 것이 나의 지론입니다.

강물 그러니까 니체 선생님은 모든 도덕을 거부하고 비판하는 반도덕주의자가 아니라 종래의 노예도덕을 다시 군주도덕으로 복귀시키려는 일종의 도덕혁신주의자이군요.

N 그렇습니다. 문제는 내가 부활시키려 한 도덕이 누구를 위한 도덕인가입니다. 전통적인 도덕을 고수하는 입장에서 볼 때는 나는 반노덕주의자이고 노닉 파괴자 혹은 도덕 혁신자입니다. 나의 도덕론을 전통적인 도덕 규범의 잣대를 사용하여 비판하는 일은 어렵지 않습니다. 그러나 전통적인 규범 자체를 의문시한 나에게 그러한 비판은 별 의미가 없습니다. 시대적인 변화에 따르는 도덕의 척도가 달라진다는 사실을(예컨대 자본주의 도덕과 사회주의 도덕 등) 내세워 나의 도덕론을 비판하는 것이 훨씬 더 효과적일 것입니다.

강물 니체 선생님의 도덕론에 관해서 포이어바흐 선생님은 어떻게 생각하십니까?

F 많은 모순을 내포하고 있습니다. 니체 선생은 인간을 항상 강자와 약자로 구분하여 서로 싸우는 상황으로 몰고 가는데 사회 구성원이 모두 힘을 합쳐. 다시 말하면 보편적인 이성을 사용하여 사회와 역사를 발전시켜왔다는 사실을 망각하고 있습니다. 물론 구성원 사이에 갈등과 투쟁도 나타났겠지요. 그러나 그것이 항상 강자와 약자의 투쟁만은 아닌 것 같습니다. 종족 간의 투쟁이나 민족간의 투쟁이 더 큰 작용을 한 것 같습니다.

강물 니체 선생님은 그러니까 봉건사회를 무너뜨린 시민사회의 도덕에 반감을 갖고 있으며 시민사회의 도덕이 종교적인 노예도덕을 답습했기 때문에 180도 뒤엎어야 한다고 생각하는 것 같습니다. 그것은 역사 발전을 무시한 시대착오적인 발상이 아닙니까?

F 맞습니다. 인류는 도덕을 포함한 문화 전반에서 점차 진보적인 발전을 해왔기 때문입니다. 그것을 부정하는 것은 역사의 수레바퀴를 되돌리려는 낭만주의자들의 몸부림에 불과합니다. 자본주의 도덕을 거꾸로 후퇴시킬 것이 아니라 미래지향적으로 변화시켜야 합니다.

강물 세 철학자 선생님이 발언을 요청했습니다. 먼저 루소 선생님부터 시작하시고 다음에 홀바흐, 맑스 선생님께서 말씀해주세요.

루소(Jean Jacques
Rousseau, 1712~1778)
프랑스의 계몽사상가, 인위적인
문명사회의 타락을 비판하고
자연으로 돌아갈 것을 역설

루소 인류의 역사가 진보적으로 발전해왔다는 포이어바흐 선생의 주장에 이의를 제기합니다. 문화의 발전이 과연 인류의 행복을 증진시킨 진보의 역사였습니까? 문화를 발전시킨 인간이 자연 상태의 동물보다 더 행복하다고 누가 장담할 수 있습니까? 문화가 발전된 모든 사회에서 도덕의 퇴폐가 뒤따르고 그것을 힘으로 규제하려는 법률이 발달되는 것으로 미루어 보아 인간은 오히려 문화가 발전되지 않았던 자연 상태에서 더 행복하지 않았을까요? 문화의 발전은 오히려 인류의 행복을 저해했다고 말할 수 있습니다. 인간의 선과 덕, 순수함이 학문과 예술의 발전 때문에 사라졌고 따라서 인간의 행복도 사라진 것입니다. 문화가 번성함에 따라 도덕의 퇴폐화가 수반되었으며, 그것은 결국 국가를 망하게까지 만들었는데 그 예가 아테네의 문화였습니다. 문화는 인간을 도덕적으로 타락시킬 뿐만 아니라 인간이 본성에 따라 스스로의 가치를 실현시킬 수 있는 힘을 박탈하였습니다. 문화가 사회적 소산이라면 덕은 인간 본성에서 오는 자연적 소산이므로 서로 대치됩니다. 사회는 인간에게 이기적인 목적을 실현하는 수단으로서 위선과 기만의 위장을 강요하는 반면, 덕은 자기 자신을 꾸밈없이 내보일 수 있는 영혼의 힘이며 덕을 통해서 인간은 삶의 안정성과 통일성을 얻게 됩니다. 그렇다고 내가 니체 선생의 도덕론에 동조하는 것은 아닙니다. 군주도덕과 노예도덕의 구분에는 무조건 반대합니다. 다만 문화가 발전하면서 도덕도 발전한다는 포이어바흐 선생의 주장에 반론을 제기할 뿐입니다. 🗨

홀바흐 나는 종교적인 도덕과 시민사회의 도덕을 다 같이 노예도덕으로 폄하하는 니체 선생의 주장에 반대합니다. 종교에서는 도덕의 근원이 신에 있다고 주장하는데 그것은 잘못된 주장입니다. 무신론자가 더 도덕적이고 더 많은 행복을 누릴 수 있습니다. 무신론자가 행복

홀바흐(Paul Heinrich Dietrich von Holbach, 1723~1789)
계몽시대의 대표적 사상가로 유물론자이자 무신론자

을 향유할 수 있는 것은 서로의 행복을 위해서 공동으로 노력하기 때문입니다. 서로의 행복이 사회생활 속에서 연결된다는 사실을 알기 때문입니다. 그러므로 사랑과 동정이 도덕의 기본이 되며 그것을 단순히 노예도덕으로 낙인찍을 수는 없습니다. 니체 선생은 이 문제에 관한 나의 저술 『자연의 체계』를 읽지 않은 것 같습니다. 매

우 유감스러운 일입니다.

맑스 니체 선생의 도덕론에서 가장 큰 문제
는 선생이 역사 무대에 새로운 계급으로 등
장한 노동자들의 도덕을 과소평가한 것입니
다. 도덕은 시대에 따라 변하며 역사는 봉건
시대를 거쳐 자본주의 시대로, 그리고 자본
주의 시대를 넘어 사회주의 시대로 넘어가
려 합니다. 시대마다 당대에 맞는 도덕이 필
요하며 그것은 생산방식이나 생산관계에 의

맑스(Karl Marx, 1818~1883)
독일의 경제학자이자 정치
학자이며 철학자, 독일관
념론과 공상적 사회주의
및 고전경제학을 비판하며
과학적 사회주의를 창시

해서 결정됩니다. 니체 선생은 인간에게 영원히 변하지 않는 본성,
즉 모든 수단을 사용하여 타인을 지배하고 동화하려는 본성이 있
는 것처럼 가정하고 그것을 도덕이론에 적용하고 있는데 너무 관념
론적이고 너무 환상적입니다. 니체 선생이 유물론을 좀 더 공부했
더라면 그러한 오류에서 벗어날 수 있었을 텐데 매우 유감입니다.

포이어바흐의 도덕론

강물 도덕 문제의 토론에서 일방적으로 니체 선생님에게 치우친 것
같습니다. 포이어바흐 선생님의 도덕론을 들어보고 싶습니다.

F 감사합니다. 나는 도덕론을 행복론과 연관시켰습니다. 도덕적

이 된다는 것은 바로 행복해지려는 것과 일치합니다. 본능과 이성이 조화를 이루는 상황에서만 인간은 행복할 수 있습니다. 인간은 자연 속에서 우선 개별적이고 이기적인 존재로서 출발합니다. 그러나 행복해지려는 본능은 다른 사람의 이익을 고려하지 않을 수 없습니다. 다른 사람의 입장을 고려하면서 자기의 행복을 최대한으로 추구하는 '이성적 이기주의'가 윤리적인 삶의 기본이 됩니다. 자기보존욕과 행복욕의 조화를 추구하는 것이 인간의 자연스러운 본성입니다. 다시 말하면 서로 공통적인 이성을 사용하여 화목한 사회를 만들어갈 때 인간은 행복해지며 도덕적이 되는 것입니다. 인간은 유적본질이기 때문에 공동적 이기주의가 가능합니다. 행복은 도덕의 원리이며 개인의 행복만이 아니라 전체의 행복을 추구하는 것도 인간의 본성에서 기인합니다. 인간의 본성에는 사랑이 자리 잡고 있습니다. 너의 행복과 나의 행복이 직결된다는 사실을 확신하고 서로의 사랑 속에서 사회를 이루어가는 데 도덕의 본질이 있으며 그러므로 자유로운 시민사회의 도덕이 가장 바람직한 도덕입니다.

강물 그렇다면 선생님의 도덕론도 니체 선생님의 도덕론처럼 '실용주의적'이라 말할 수 있습니까?

F 전혀 다르지요. 실용주의철학에는 '인류 보편성'이라는 개념이

들어 있지 않습니다. 개인이나 집단을 불문하고 어느 한쪽에게 유리하면 그것이 진리가 되지요. 니체 선생의 도덕론에서도 강자와 약자의 이익이 다 같이 존중되는 것은 아니지 않습니까? 그러므로 나의 도덕론은 '실용주의적'이라기보다 '공리주의*적'이라 표현하는 것이 맞겠습니다.

강물 니체 선생님의 철학을 현시대에 맞게 가장 잘 변용한 철학이 실용주의라고 말할 수 있습니다. 그럼 실용주의를 대표하는 듀이 선생님의 말을 들어보기로 하겠습니다.

듀이(John Dewey, 1859~1952)
미국의 철학자, 민주주의의
철학적 기초를 세우려고 노력

듀이 절대적 신리란 손새아시 않으며 쓰 8 킨 겠이 진리라고 실용주의철학은 가르칩니다. 다시 말하면 거짓말도 유용하면 진리가 되는 것입니다. 그러나 인간 모두에게 유용한 것은 존재하지 않습니다. 한편에 도움이 되는 것은 다른 편에 해가 되고, 한편에 선이 되는 것은 다른 편에 악이 되지 않을 수 없어요. 포이어바흐 선생이 주장하는 것처럼 서로에 도움이 되는 '이성적인 이기주의'란 현실에서 불가능한 하나의 이상입니다. 현실적으로 인간사회는 자연에서처럼 적자생존이라는 준엄한 법칙의 지배를 받습니다. 그러므로 진리나 도덕은 어느 한편에 유리하게 작용하지 않을 수 없습니다. 강약이 부동이라는 말이 있습니다. 강자가 승리를 하고 약자가 패배하는 것이 자연의 법칙이며 정의는 항상 이기는 자의 편에 섰습니다. 선과 악을 결정하는 잣대는 그 유용성을 판단하는 인간본성에 있습니다. 미국의 민주주의나 자유도 미국에 유리한 자유가 가능하다는 신념에 의존합니다. 선악의 척도는 개인이나 민족에 따라 다르며 절대적이 아닙니다. 보편적인 행동 규범이 존재하지 않으므로 개인이나 민족은 다원적, 분파적, 실험적 방식에 따라 그때그때 행동 방식을 선택하면 됩니다. 나는 니체 선생의 "모든 것은 허용된다"는 말을 높이 평가합니다. 니체 선생이야말로 우리가 본받아야 할 가장 훌륭한 철학자이고 참된 의미의 도덕론자입니다.

니체의 도덕론에 의문을 제기하다

강물 이탈리아 로마에서 긴급 발언을 신청했습니다. 나와주세요.

긴급
질문자   저는 로마대학에서 법학을 공부하는 안토니오 지오바니입니다. 변화는 무죄이고 모든 것이 허용되며 목적은 수단을 합리화한다는 니체 선생님의 도덕론은 마키아벨리의 『군주론』을 모방한 것 같습니다. 정치에서는 그것이 가능할지 모르지만 양심을 근거로 하는 도덕론에 마키아벨리즘*을 적용한다는 것은 일종의 궤변이 아닙니까?

N   모든 이론은 보는 입장에 따라서 하나의 궤변이 될 수 있습니다. 나는 마키아벨리를 존중합니다만 그를 모방하지는 않았습니다. 나는 그가 말하는 강인한 사자의 정신을 존중합니다만 여우의 속임수는 멸시합니다. 나는 도덕론에서 자연법칙에 부합하는 진리를 말했습니다. 인간의 주관적 의도가 자연의 법칙을 이길 수는 없습니다. 인류의 역사를 되돌아보십시오. 정의는 항상 승리자들의 편에 섰습니다.

강물 또 다른 긴급 질문자가 나타났습니다.

**긴급
질문자**   미국 워싱턴 대학에서 정치학을 공부하는 존 하디라는 학생입니다. 니체 선생님에게 묻겠습니다. 종교를 이용해서 노예도덕을 만들어낸 장본인이 유대인이라던 오늘날 월가글 찌배하면서 미국의 세계 지배 정책을 뒷받침하고 있는 유대인들은 군주도덕의 실현자입니까?

N   질문자는 같은 민족이 도덕적으로 상반되는 경향을 보인다는 사실을 근거로 나의 도덕론이 모순이라는 사실을 지적하고 싶은

것 같습니다. 말씀하신 사례의 경우 나의 이론이 모순된 것이 아니라 민족의 특성이 조금 변한 것일 뿐입니다. 모든 것은 변하고 변화는 무죄라고 내가 말하지 않았습니까? 복수의 화신이었던 유대민족이 오늘날 세계 지배를 꿈꾸면서 권력의지를 실현해가는 것 같은 모습을 보여줍니다. 그러나 풍요로움에 넘쳐 선물하는 덕을 알지 못하는 유대인의 혈관 속에는 영원히 독거미의 피가 흐르고 있습니다.

강물 이 토론이 너무 서구 중심적으로 진행되고 말았습니다. 토론의 중심을 이루는 두 선생님이 서양철학자이기 때문에 어쩔 수 없는 일인데요. 동양이나 기타 지역의 시청자들께서는 양해해주기 바랍니다. 그렇지만 마지막으로 동양의 현인이라 할 수 있는 노자 선생님께 이 토론에 대한 한마디 평을 부탁드립니다.

노자(老子, ? ~ ?)
중국 춘추 시대의 사상가,
도가(道家)의 시조,
무위자연을 존중

노자 내가 『도덕경』에서 표현한 것도 일종의 도덕론입니다. 내가 말하는 도(道, Tao)는 우주의 원리이면서 인간이 나아가야 할 길입니다. 서양의 도덕론은 너무 분석과 논리, 이해관계에 치우친 느낌입니다. 그것 못지않게 중요한 것이 포용과 전체적인 직관인데 말이죠. 즉, 크게 멀리 바라보는 태도를 말합니다. 그때 도가 보이고 도안에서 기(氣)와 이(理), 자아와 타아, 본능과 이성, 강자와 약자의 구분이 사라집니다. 서양 사람들에게는 막연하고 신비적인 느낌을 줄지도 모르지만 그런 과정에서도 동양문명은 자라왔습니다. 아무쪼록 서양 철학자들이 나의 책을 읽고 새로운 진리를 발견하기를 바랍니다. 니체 선생도 웃으며 춤추는 아이를 인간 정신의 최고 단계라 말한 적이 있는데 그것이 바로 내가 말하는 도의 경지가 아닙니까?

N 비슷하면서도 차이가 있습니다. 내가 말하는 웃음은 모든 사소한 것들을 비웃는 웃음이고 내가 말하는 춤은 모든 연약한 것들을 짓밟는 춤입니다.

뭉크가 그린 니체(1906)

06

예술적인 철학자들

강물 두 선생님은 예술에 관한 연구를 많이 하셨습니다. 특히 시도 쓰고 작곡도 하신 니체 선생님의 철학은 예술 문제가 주류를 이룬 다 해도 과언이 아닙니다. 청중 여러분의 편의를 위해서 예술과 관 계되는 두 선생님의 이력을 주최 측에서 준비했습니다. 그것을 화 면에 소개하는 것으로 이 토론을 시작하겠습니다.

포이어바흐

포이어바흐는 직접 예술 활동에 참여하지 않았다. 그러나 그의 유물론적 세계관은 19세기의 사실주의 예술에 많은 영향을 미쳤다. 중요한 문학이 론가, 예술이론가, 음악가들이 그의 이념을 예술창작이나 예술해석에 이 용하려 하였다. 스위스의 작가 켈러, 독일의 시인 헤르베크, 독일의 음악가 바그너, 독일의 문학사가 헤트너, 러시아 비평가 체르니예프스키 등이 그러하다. 이들은 모두 현세의 물질세계를 중심으로 하는 포이어바흐의 인간관에 깊이 공감했다. 포이어바흐의 무신론적이고 유물론적인 세계관이 작가와 예술가들로 하여금 종교적인 환상에서 벗어나 현실세계에 눈을 돌리게 만들었다. 포이어바흐의 철학을 알고 난 켈러는 다음과 같이 말했다. "종교적 이념을 포기함으로써 시와 고귀한 감정이 세상으로부터 사라진다는 생각이 이제 나에게 얼마나 유치하게 생각되는가! 정반대다! 세계는 나에게 무한히 아름답고 심오하게 변했으며, 삶이 더 아름답고 강렬하게, 죽음이 더 신중하게 생각되었다. 나는 모든 힘을 다해 지상의 과제를 수행해야 할 필요성을 느낀다." 켈러는 그의 소설 『초록빛의 하인리히』에서 포이어바흐를 모델로 하는 철학자를 등장시켰다. 음악가 바그너는 독일 시민혁명에 참가하면서 포이어바흐의 철학을 알게 되었는데 특히 『죽음과 불멸성에 대한 고찰』이 그를 감동시켰다. 그 후에 나온 바그너의 예술론적인 저술들에는 포이어바흐의 자연관, 인간관, 예술관들의 영향이 엿보인다. 바그너는 『미래의 예술작품』이란 저서를 포이어바흐에게 헌정하였으나 혁명이 실패하고 쇼펜하우어의 입장으로 돌아간 후 나온 새 판에서 이 헌사를 삭제하였다.

니체

니체는 철학자일 뿐만 아니라 시인 겸 작곡가였다. 사후에 곧 바로 그의 시집이 출간되었고 그가 작곡한 음악도 훗날 바젤방송국 교향악단에 의해서 연주·녹음되었다. 그의 처녀작 『비극의 탄생』은 예술관의 기초를 정립한 것으로, 그리스 예술의 발전을 주도한 '아폴로적인 것'과 '디오니소스적인 것'이라는 두 원리는 그의 철학에서도 중요한 역할을 하였다. 그는 바그너를 존경하여 스승으로 받들었으나 나중에 이념상의 차이로 결별하고 비제의 음악에 눈을 돌렸다. 특히 비제의 오페라 「카르멘」을 높이 평가하였다. 니체는 가스트라는 젊은 음악가를 제자 겸 친구로 삼았고 둘 사이에는 각별한 우정이 싹텄다. 니체의 예술관과 철학은 낭만주의* 예술에 지대한 영향을 미쳤고 오늘날에는 포스트모더니즘의 예술이론에도 이용되었다.

강물 여기서 잠깐 머리를 식힐 겸 니체 선생님의 시 한 편을 소개하겠습니다.

베니스

얼마 전 갈색의 밤에
나는 다리에 기대어 섰다.
멀리서 노래 소리 들려오고
하늘하늘한 수면 위로
금물결이 미끄러져 나갔다.
곤돌라, 불빛, 음악이
취한 듯이 어둠 속으로 헤엄쳐 갔다.
내 영혼은 현악기,
어느 누가 어루만지듯
조용히 곤돌라 노래를 불렀다,
화려한 행복으로 몸을 떨며.
이 노래를 들은 자 누구인가?…

강물 포이어바흐 선생님께 이 시에 대한 소감을 부탁드리겠습니다.

F 멋있고 낭만적인 서정시입니다. 고독한 철학자의 면모가 한눈에 드러납니다. 니체 선생이 시인이 되었어도 충분할 것 같습니다. 물론 이 시에는 시대의 고민 같은 것은 찾아볼 수 없고 개인의 느낌만을 표현했다는 단점도 있습니다.

철학자들의 예술관

강물 그렇다면 예술가들이 포이어바흐 선생님의 철학에서 느낀 매력이 무엇인지 스위스의 소설가인 켈러 선생님의 말을 들어보기로 하겠습니다.

켈러(Gottfried Keller, 1819~1890)
스위스의 시인, 독일 사실주의
문학의 걸작인 자전적 장편소설
「초록빛의 하인리히」가 유명

켈러 그것은 포이어바흐 선생의 철학이 지니는 꾸밈없고 진솔한 자연관과 인간관 때문입니다. 인간의 문제에서 그는 추상적인 미사여구를 피하고 심정, 가슴, 사랑, 의지, 행복과 같은 것에 더 많은 시선을 돌렸습니다. 이 모든 요소가 합하여 그가 말하는 인간을 결합하는 보편적인 이성이 나타나게 됩니다. 감각이 지각할 수 있는 것만이 실제로 존재하며 예술은 감성의 진리를 표현하는 데서 출발해야 한다는 그의 주장은 사실주의적인 예술가들에게 예술은 구체적인 삶으로부터 출발해야 된다는 신념을 심어주었습니다. 일회적인 인간의 삶이 가장 잘 꽃필 수 있는 곳은 예술이며 남녀 간의 사랑을 알지 못하는 사람은 인생도 알지 못한다는 그의 생각도 예술가들에게 많은 용기를 주었습니다.

강물 니체 선생님께 묻겠습니다. 선생님이 바그너와 결별하고 비제의 음악에 눈을 돌린 이유는 무엇입니까?

N 이 문제를 둘러싸고 후세에 잡다한 논쟁이 벌어졌습니다. 단도직입적으로 분명하게 말하겠습니다. 바그너가 초기의 이념으로부터 변질되었기 때문입니다. 초기의 작품들, 예컨대 「트리스탄과 이졸데」에서는 인간의 비극적인 파멸이 긍정적으로 표현되었습니다. 화해가 아니라 복수가 주도합니다. 내가 주장하는 '디오니소스적인 것'이 '아폴로적인 것'에 대하여 승리를 구가합니다. 그러나 바그너의 4부작 「니벨룽겐의 반지」에서는 화해가 시작됩니다. 바그너는 결국 기독교의 십자가 앞에 무릎을 꿇고 말았습니다. 나는 바그너의 비겁한 굴복에 실망하였고 바그너도 나의 철학에 반감을 느끼기 시작하였습니다. 우리는 마치 이념의 검으로 결투를 하고 검이

부딪치는 소리를 듣는 것 같았답니다. 그때 내가 만난 것이 비제의 「카르멘」이었습니다. 나는 이 오페라가 너무 마음에 들어 악보에 일일이 주석을 붙였는데 훗날 그것이 책으로도 출간되었지요. 나는 쇼팽과 바흐에 의지하면서 바그너와 싸웠고 바그너 자리에 비제를 들여놓았습니다. 꾸밈없고 적나라한, 건강하고 자연스러운, 비도덕적이고 오만한 정열이 「카르멘」에 넘쳐났는데 나는 그것을 바그너의 '아폴로 적' 퇴영에 맞설 수 있는 '디오니소스적 정열'로 이해했습니다.

니체와 낭만주의

강물 그러면 여기서 1905년에 『니체와 낭만주의』라는 책을 낸 요엘 선생님을 모시고 니체의 철학이 낭만주의와 어떤 관계가 있는지 알아보기로 하겠습니다.

요엘 솔직히 나는 니체 선생을 낭만주의와 연관시켜 서술하는 데 주저하지 않을 수 없었습니다. 낭만주의가 활동하던 시대와 니체 선생이 활동하던 시대는 한 세기 정도 차이가 났으며 니체 선생의 저술에도 낭만주의에 대한 상반되는 평가가 나타나기 때문입니다. 아름다운 사랑을 동경하며 여성 앞에 무릎을 꿇는 감상적인 낭만파 시인들과 여성을 채찍으로 다루어야 한다면서 남성의 잔인함을 강조하는 니체의 철학 사이에는 얼마나 많은 차이가 있습니까?

니체는 낭만적인 예술가들을 '인간적인 너무나 인간적인'이라 평

1896년 미국 공연 포스터. 「카르멘」은 불같은 성격을 지닌 아름다운 집시 여인, '카르멘'에 관한 이야기다. 1875년 초연 당시 비평가들로부터 부도덕하고 표면적이라는 비난을 받기도 했는데 현재 세계에서 가장 인기 있는 오페라 중 하나가 되었다.

가하면서 비판하기도 했습니다. 그러나 니체의 저술에는 항상 상반되거나 모순되는 진술이 나타났으며 우리는 그 핵심을 잘 찾아내야 합니다. 니체의 철학이 이성보다도 의지를 강조했다는 사실 하나만으로도 우리는 이 철학과 감성을 중시하는 낭만주의와의 연관성을 쉽게 짐작할 수 있습니다. 인간의 삶에는 항상 현실과 이상이 중요합니다. 너무 현실에 치우치면 발전이 없습니다. 철학에서도 현실에 중점을 두는 유물론이 자칫 무미건조한 삶을 지향하기 쉽지요. 서구에서 낭만주의는 계몽주의 사조나 고전문학에 대한 반발로서 나타났습니다. 계몽주의가 민중예술을 인정하고 합리적인 시민사회로의 발전을 부추긴 반면 낭만주의는 과거의 아름다운 이상세계를 동경했습니다. 니체는 종교와 시민사회를 비판하면서 초인이 지배하는 미래사회를 꿈꾸었어요. 그러므로 보수적이라고는 말할 수 없습니다. 그러나 그가 염두에 두는 이상적인 사회는 과거에서처럼 귀족이 이끌어가는 군국주의입니다. 과학적인 이성보다도 예술적인 정열이 주도하는 낭만적인 사회입니다. 현대의 많은 예술가들이 이러한 사회를 동경합니다. 꿈과 낭만과 모험과 사랑이 있는 사회입니다. 니체의 사상에서 '알파와 오메가[11]'인 디오니소스는 낭만적인 신이며 니체가 치켜세우는 디오니소스적 정열은 바로 낭만적인 환희입니다. 니체는 낭만주의 문학으로부터 많은 영향을 받았고

11 처음과 마지막 혹은 전부(모든 것)라는 관용적인 표현이다.

역으로 낭만주의 예술은 니체의 철학에 의하여 고무되었다는 것이 나의 주장입니다. 물론 니체의 철학이 혁명적인 낭만주의와는 거리가 멉니다만.

니체와 포스터모더니즘

강물 다음으로 포스트모더니즘과 연관하여 『포스트모더니즘의 도전』이란 책을 쓴 헝가리의 게도 선생님의 말을 들어보겠습니다.

게도 나의 동향인이며 선배이신 루카치 선생께서 이미 니체의 철학을 '이성의 파괴'라는 말로 간명하게 정리했습니다. 예술에서도 모더니즘이나 그것을 이은 포스트모더니즘은 인류의 사실주의 문학이 달성한 훌륭한 성과를 여지없이 파괴하였습니다. 그것은 니체가 인류의 보편적인 이성을 파괴하고 공격적인 본능을 승화시킨 것과 다를 바 없습니다. 그러므로 포스트모더니즘의 이론가들이 니체를 그들의 이론적인 대부로 거론하는 것은 당연한 일입니다. 니체는 망치를 늘고 종래의 가치들을 부수고 디어너마이트로 폭파했습니다. 물론 새로운 창조에는 파괴가 필요합니다 그러나 거기에도 선별이 필요합니다. 빈대를 잡으려고 집을 불태울 수는 없잖습니까. 니체는 인류가 이룩한 귀중한 성과마저 팽개쳤습니다. 고귀한 유산의 전통을 가려내지 못했습니다. 무엇 때문에? 새로운 시대를 예고하는 유령의 움직임에 경악하고 불안을 느꼈기 때문입니다. 바로 노동운동과 공산주의철학입니다. 니체의 숨은 적은 결국 맑스주의였습니다. 그와 마찬가지로 포스트모더니즘은 상업주의에 편승한 예술을 이용하여 노동자의 의식을 마비시키려는 데 목적이 있습니다. 포스트모더니즘의 예술에는 통일도 질서도 규율도 없습니다. 전통과 유산을 무시하고 중구난방으로 몸부림치며 인간의 말초적인 신경을 자극하는 포스트모더니즘의 예술을 통해서 안도의 한숨을 쉬며 위로를 받는 것은 자본가들과 그에 빌붙어 사는 지식인들뿐입니다.

강물 니체 선생님, 답변해주세요.

N 나는 다른 사람의 비판을 듣고 의기소침해질 정도로 약하지 않습니다. 그러나 게도 선생이 너무 직설적으로 나의 정체를 밝혀놓았습니다. 나의 숨은 적이 맑스주의 유물론이라는 사실을 폭로하면 지금까지 아무것도 모르고 나를 좋아하던 독자나 해설가들이 당황하지 않을까요? 아무튼 거침없이 비판하는 게도 선생의 용기는 높이 평가할 만합니다.

강물 끝으로 두 선생님께서 가장 감명 깊게 읽은 문학작품 3가지를 말씀해주시면 고맙겠습니다.

F 볼테르의 『캉디드』, 괴테의 『파우스트』, 켈러의 『초록빛의 하인 리히』입니다.

N 소포클레스의 『안티고네』, 셰익스피어의 『햄릿』, 횔덜린의 『히페리온』입니다.

강물 포이어바흐 선생님, '이성의 시대'를 염원했던 프랑스혁명 전의 철학자 볼테르의 소설에는 낙천주의가 지배하고 있으며 켈러의 소설은 사실주의문학의 전형으로 평가되기 때문에 선생님의 취향이 이해가 됩니다만 괴테의 『파우스트』를 좋아하는 이유가 궁금합니다.

F 『파우스트』 2부에서 파우스트는 청년 시절의 모험을 벗어나 이성적인 사회를 건설하려고 노력합니다. 그것이 마음에 들었지요. 괴테는 이 작품에서 "매일 쟁취해서 얻는 자만이 자유와 삶을 누릴 자격이 있다"고 말했는데 그것은 비고 신끼 같은 다른 어떤 힘에 의지하지 말고 스스로의 운명을 개척하라는 인간중심적인 사상을 표현한 것입니다.

강물 니체 선생님, 낭만주의적인 색채가 짙고 고대 그리스와 연관되는 『안티고네』와 『히페리온』이 선생님에게 좋은 인상을 준 것은 당연하다고 생각하지만 사실주의 작가라고 할 수 있는 『햄릿』은 좀 의외인데요?

N 셰익스피어의 작품은 사실주의적인 경향과 함께 낭만주의적인 경향도 있습니다. 무엇보다도 나는 『햄릿』이 죽음으로 끝나는 비극이라는 점에서 높이 평가합니다. 거기에는 신의 구원이라는 모티브가 없습니다. 내가 좋아했던 바그너의 가극 「트리스탄과 이졸데」의 경우와 비슷합니다. 삶을 있는 그대로 바라볼 수 있는 비극적 정신이 얼마나 위대한가를 나는 나의 저술 『비극의 탄생』에서 자세하게 설명했습니다.

파우스트(August von Kreling, 1874)(상)
호레이시오와 햄릿, 그리고 유령의 모습(Henry Fuseli, 1789)(하)

∞

07

반여성주의를 비판하다

강물 이제 오전의 마지막 토론을 시작하겠습니다. 토론의 주제는 여성 문제입니다. 여성에 대하여 비교적 많은 언급을 하신 니체 선생님이 선생님의 여성관을 요약해서 말씀해주시기 바랍니다.

니체의 여성관

N 여러분이 잘 아시는 것처럼 나의 여성관은 쇼펜하우어와 비슷하게 반여성주의입니다. 여기 모이신 여성 여러분이나 이 토론을 시청하시는 여성 여러분께 미안한 생각이 듭니다만 사실은 사실대로 말해야 되겠지요. 나의 여성관은 『차라투스트라』에 나오는 "여자에게 가려느냐? 채찍을 잊지 마라!"라는 말 속에 요약되어 있습니다. 그것은 아시아적 여성관의 재현일수도 있고 봉건주의적 여성관의

답습일 수도 있습니다. 또 나는 『즐거운 지식』에서 "남자의 덕은 의지이고 여자의 덕은 순종이다 – 그것이 바로 남녀 간의 법칙이다!"라 말했습니다. 여자는 근본적으로 남자보다 약한 의지를 지니고 태어나기 때문에 근본적으로 여자가 남자보다 열등하다는 생각에 서 있습니다. 여자의 가장 큰 역할은 새로운 '지상의 주인'을 생산하고 양육하는 데 있는 것입니다. 아이들은 어머니를 필요로 하며 어머니는 남자를 필요로 합니다. 그러한 역할 때문에 결혼이 필요한 것이지요. 결혼은 사랑의 결실이 아니며 그 목적은 인류를 지배할 종족의 출생과 양육에 있습니다. 사랑이란 것도 권력의지의 이기적인 표현일 뿐입니다. 여성은 노예근성 혹은 데카당스의 징후를 가장 잘 실현합니다. 너무나 오랫동안 여자 속에는 노예와 폭군이 숨어 있었습니다. 여자는 우정을 유지할 능력이 없고 사랑만을 알 뿐입니다. 그러므로 남녀평등 같은 것은 불필요하며 남자는 여자를 강하게 다루어야 합니다. 남녀평등을 위해 투쟁한다는 것 자체가 벌써 병의 징후입니다. 남자의 행복은 스스로의 의지이지만 여자의 행복은 남자로부터 오는 명령입니다. 모성애라는 것도 하나의 자기애에 불과합니다.

강물 대단하십니다. 제가 여자였다면 아마 이 사회를 거부하고 퇴장했을 것입니다. 그러나 니체 선생님이 말한 것처럼 자신의 생각을 말할 수 있는 용기는 대단합니다. 니체 선생님의 말을 다시 한

번 요약하면 약자의 천한 도덕인 복수심에 불타 있는 여자들은 이기적이고 폭군과 같고 잔꾀를 발휘하여 강한 남자를 유혹하고 그러므로 여성적인 것이 우세할 때 인류는 점차 허무주의에 빠져 퇴폐의 길을 걷지 않을 수 없기 때문에 강인한 의지를 가진 남자들은 여성들을 무자비하게 다루어 부엌에 머물면서 남자에게 봉사하도록 만들어야 한다는 것입니다. 다시 말하면 여자에게 완전한 자유를 허용하여 남녀 동등권을 인정하는 대신 여자를 남자의 소유물로 생각하고 지배해야 한다는 여성관입니다. 세계 곳곳에서 여성들의 항의 메시지가 인터넷을 통해 접수되었습니다만 우선 포이어바흐 선생님의 의견을 들어보기로 하겠습니다.

F 좀 지나친 것 같습니다. 남자 없이 여자가 불행하다면 역으로 여자 없이 남자가 행복할 수 있을까요? 나는 개인적으로 남녀가 그 가치에서 동등하다고 생각합니다. 자연은 남녀에게 동등한 가치를 부여했지만 사회적 편견, 특히 종교적 편견이 여성을 비하하게 만들었습니다. 예컨데 성서에 여성을 비하하는 구절이 얼마나 많이 나타납니까? 사탄의 유혹에 넘어가 인류에게 원죄를 만들어준 장본인도 여자가 아닙니까? 기독교를 가차 없이 비판하는 니체 선생이 그 못지않게 여성을 비하하는 것을 도저히 이해할 수 없습니다. 종교의 허구가 밝혀지고 인간이 중심이 되어 너와 나의 사랑 속에서 공통적인 삶이 이루어지면 자연히 남녀평등이 실현될 수 있다

고 나는 확신합니다. 그런 의미에서 나는 "여성을 사랑할 수 없는 사람은 인간도 사랑할 수 없다"고 말했습니다.

강물 많은 여성분들이 발언을 신청했는데 여성철학자이며 노동운동가였던 로자 룩셈부르크 여사에게 발언권을 드리겠습니다.

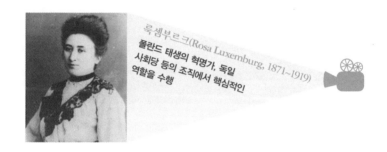

룩셈부르크(Rosa Luxemburg, 1871~1919)
폴란드 태생의 혁명가, 독일
사회당 등의 조직에서 핵심적인
역할을 수행

룩셈부르크 나는 나치 시절에 해방운동과 노동운동을 하다가 나치의 비밀경찰인 게슈타포에 의해 잔인하게 학살된 룩셈부르크입니다. 그러므로 나는 나치를 증오하고 나치에 이념을 제공한 니체를 나치 못지않게 증오합니다. 지금 그의 여성관을 들어보니 깊만 분노를 느끼지 않을 수 없습니다. 그러나 분노를 가라앉히고 가만히 생각해보았습니다. 니체는 왜 그와 같은 반여성주의자가 되었을까? 아마 자라온 환경 때문이겠지요. 그는 너무 많은 여성 속에서 외롭게 자랐습니다. 무의식적으로 압박을 느꼈고 그것이 여성에 대한 편견을 만들어주었습니다. 그러므로 그는 성장한 후에도 여성을 편

견 없이 대할 수 없었고 사랑에도 실패합니다. 사랑에 실패했기 때
문에 여성비하주의자가 된 것이냐고요? 아닙니다. 여성에 대한 편
견 때문에 사랑에 실패했고 그것이 겹쳐 반여성주의자가 된 것입니
다. 니체의 여동생은 "나의 오빠가 그렇게 단호하게 여성해방운동
을 반대한 것은 결국 다가오는 세대와 더 높은 문화를 염려하는 그
의 철학에서 나온 결과다"라 말했습니다. 그러나 그의 철학도 그의
머릿속에서 고안된 것이 아니고 가정환경이나 시대의 영향을 받았
다는 사실을 감안할 때 니체는 잘못된 시대에 잘못된 철학을 선택
한 것 같습니다.

강물 또 다른 여성분이 발언을 신청했습니다. 철학자 사르트르의 애인이었으며 계약결혼으로 유명한 소설가 보부아르 여사입니다.

보부아르(Simone de Beauvoir, 1908~1986)
프랑스의 소설가, 여성해방운동에 참여, 실존주의적 입장에서 시와 평론을 씀

보부아르 내가 『제2의 성』에서 밝힌 것처럼 여자는 태어나는 것이 아니라 만들어지는 것입니다. 다시 말하면 사회적 조건에 의하여 길들여지는 것이지요. 니체의 여성관은 많은 오류를 포함하고 있습니다. 그것은 가부장적 제도를 근간으로 하는 봉건주의와 그것을 계승한 자본주의의 사회구조가 만들어낸 여성관을 니체가 답습했다는 사실을 말해줍니다.

쇼펜하우어의 여성관도 니체에게 영향을 준 것 같습니다. 쇼펜하우어에 의하면 남녀 간의 사랑이란 공즉보존을 위한 섬저인 견합에 불과하며 그것을 유도하는 근본원인이 세계를 움직이는 맹목적 의지라는 것입니다. 다시 말하면 본능적인 성욕이 사랑의 알파와 오메가라는 것입니다. 쇼펜하우어와 니체의 여성관에서는 사회적 존재로서의 독자적인 여성의 가치와 역할이 철저히 무시되고 출생과 양육의 역할만이 인정될 뿐입니다.

보부아르와 사르트르(베이징, 1955)

나는 여기서 나의 동반자였던 사르트르의 자유론을 상기시키고 싶습니다. 사르트르에 의하면 인간은 존재하기 전에 무이고 태어난 후에 스스로의 본질을 만들어갑니다. 그것을 사르트르는 "실존은 본질에 앞선다"는 말로 표현하였습니다. 인간은 항상 선택을 하고 그에 대한 책임을 집니다. 신이 존재한다면 신이 인간의 본질을 미리 규정한다고 말할 수도 있으나 철저한 무신론자인 사르트르에게 그것은 불가능합니다. 그러므로 모든 인간은 남녀를 불문하고 스스로의 선택에 의하여 스스로의 본질을 만들어갑니다. 이 경우 남녀 간의 차이는 결코 존재하지 않습니다.

남자나 여자의 사회적인 입장과 가치는 생리적·심리적·경제적 숙명에 의해서가 아니라 습관과 교육이 만들어낸 산물입니다. 여성은 그러한 굴레를 벗어나 능동적인 행동에 의하여 스스로 자유를 쟁취하고 남녀평등을 실현해야 하고, 그것이 인류 발전의 중요한 초석이 됩니다. 이는 여성이 만들어지는 것이 아니라 태어난다고 생각하는 니체의 주장과 상반되지요. 니체는 남녀 간에 이미 결정된 생리적인 차이가 사회에서 수행하는 역할과 가치를 결정한다고 생각하는 것 같습니다. 물론 니체가 주장하는 것처럼 여성 안에는 노예와 폭군의 기질이 어느 정도 숨겨져 있을 수 있습니다. 그러나 그것은 봉건주의와 자본주의의 사회 속에서 억압을 받아온 여성이 자신을 유지하기 위해 사용하는 본능적인 자기방어의 수단이 아니겠습니까? 그것도 일종의 권력의지의 표현이 아니겠습니까? 사회주의 사회에서도 그러한 무기가 필요하겠습니까? 동지애 안에도 노예와 폭군의 기질이 숨어 있겠습니까?

강물 맞습니다. 선택의 가능성은 사회적 조건에 의하여 달라질 수 있습니다. 보부아르 선생님도 그것을 지적했습니다. 예, 긴급히 발언을 신청하는 분이 있습니다. 룩셈부르크의 친구였으며 남녀평등 문제를 사회구조적 입장에서 자세하게 연구한 베벨 선생님입니다. 선생님의 『여성론』은 이 분야에서 탁월한 저술에 속합니다. 베벨 선생님을 모셔보겠습니다.

베벨(August Bebel, 1840~1913)
독일의 사회주의자, 사회주의 노동자당을 결성하여 당수로서 활약

베벨 여성 문제에서 니체보다 보부아르가 훨씬 더 진보적이지만 내 생각으로는 니체나 보부아르나 다 같이 관념론적 입장에서 여성 문제를 다루고 있습니다. 이들은 여성 문제를 다루면서 사회의 경제적 구조 문제를 도외시하거나 과소평가하였습니다. 보부아르는 여성의 운명을 결정하는 습관과 교육이 결국 그 사회의 경제구조에 의존한다는 사실을 간과한 것 같습니다. 나는 여성 해방 문제를 해

결할 수 있는 핵심 열쇠가 경제구조에 있다고 생각합니다. 여성의 생물학적 숙명을 주장하는 니체는 물론 커다란 오류를 범했지만 습관과 교육을 강조하는 보부아르의 여성관도 한계가 있다고 생각합니다. 새로운 사회의 여성은 사회적, 경제적으로 완전히 독립된 존재로서 기만적 지배와 착취에 예속되지 않으며 남성에 대해서 자유롭고 남성과 동등할 수 있어야 합니다. 내가 말하는 새로운 사회란 사유재산이 폐기되는 사회주의를 말합니다. 여성의 경제적 독립을 가능하게 해주는 사회만이 여성의 가치를 완전히 보장해주고 남녀평등을 실현할 수 있습니다.

강물 베벨의 여성관은 맑스주의 철학을 기초로 하고 있는 것 같습니다. 실제로 여성해방과 남녀평등이 어떤 사회구조 안에서 가능한가를 밝히기 위해서는 자본주의 국가와 사회주의 국가의 여성들이 증언을 해야 하지요. 그런데 그것은 많은 논쟁을 불러일으킬 수 있고 이번 토론의 핵심 주제가 아닙니다. 그렇기 때문에 이 정도로 마치고 잠깐 휴식을 취하면서 여러분이 기다리는 예술 공연을 시작하겠습니다.

베를린 필하모닉 오케스트라 with 카라얀

안녕하십니까? 이 역사적인 철학토론회를 축하하는 기념공연을 시작하겠습니다. 공연에 앞서 장예모 감독이 애중(愛重)했던 중국의 두 배우 공리와 장자이가 멀리서 오신 포이어바흐와 니체 선생님에게 각각 꽃다발을 증정하겠습니다. 다음으로 공연순서를 말씀드리겠습니다. 니체 선생님이 좋아했던 바그너의 「결혼행진곡」, 비제의 「카르멘 전주곡」, 베를리오즈의 「헝가리 행진곡」에 이어 포이어바흐 선생님이 좋아했던 베토벤의 「에그몬트 서곡」, 「크로이처 소나타」가 차례로 연주되겠습니다. 이 연주를 위해 멀리 독일에서 온 베를린 필하모니 단원들과 지휘자 카라얀 선생님에게 큰 박수를 부탁드립니다. 다음으로 중국국가합창단이 베토벤의 교향곡 9번에 나오는 합창 「환희의 송가」, 이탈리아의 민요 「푸니쿨리 푸니쿨라」, 중국의 인민가요 「공산당이 없으면 신중국도 없다」(沒有共產黨就沒有新中國)를 차례로 부르겠습니다. 마지막으로 모스크바에서 온 볼쇼이 무용단이 「백조의 호수」를 공연하겠습니다.

카라얀(1941)과 단원들의 공연

08

전쟁과 평화를 말하다

강물 공연 잘 관람하셨습니까? 다시 토론으로 넘어가겠습니다. 이번 토론의 주제는 전쟁과 평화입니다. 인류는 수많은 전쟁을 경험했으며 전쟁 때문에 많은 고통을 겪었습니다. 오늘날에도 세계 곳곳에서 전쟁은 계속되고 있으며 인류의 미래는 얼마나 평화가 보장될 수 있느냐에 따라 그 존폐가 달려 있다고 말해도 과언이 아닙니다. 인간과 지구를 파괴하는 무기가 엄청나게 발달한 오늘날 철학도 전쟁과 평화의 문제를 외면할 수 없습니다. 철학의 근본 과제가 인류의 행복 증진에 있으며 전쟁은 인류의 행복을 파괴하는 가장 커다란 적이기 때문입니다. 그러므로 위대한 철학자들은 평화의 중요성을 역설했고 평화 유지를 위한 나름대로의 처방을 내리기도 했습니다.

강물 칸트 선생님이 말년에 『영구평화론』을 저술하신 것을 여러분은 잘 알고 있습니다. 두 분 선생님도 이 문제에 대해서 무심할 수 없을 것입니다. 그런데 니체 선생님은 『차라투스트라는 이렇게 말했다』의 〈전쟁과 전투족〉이라는 항목에서 다음과 같이 말했습니다. "전쟁을 하고 있는 나의 형제들이여! 나는 그대들을 진심으로 사랑한다. 나는 그대들과 같았고 지금도 그렇다… 그대들은 평화를 새로운 전쟁을 위한 수단으로써 사랑해야 한다. 그것도 오래 계속되는 평화보다는 짧은 평화를! 나는 그대들에게 노동이 아니라 전투를 권한다." 비슷한 표현이 선생님의 저술 곳곳에서 나타나는데 이 때문에 선생님을 전쟁이나 부추기는 군국주의철학자로 이해하는 사람들이 많습니다. 선생님의 생각은 어떠합니까?

N 방금 사회자가 인용한 항목을 전체적으로 살펴보면 여기서 말하는 전투란 무기를 사용하는 전쟁의 전투가 아니라 인식의 전투, 다시 말하면 진리를 찾아가는 정신적인 전투라는 사실을 알 수 있습니다. 그러나 솔직히 말하면 나는 진리를 위한 투쟁뿐만 아니라 약한 자를 길들이기 위한 강한 자들의 무력을 통한 전투도 사랑합니다. 평화보다도 전쟁을 더 사랑합니다. 전쟁은 인류를 발전시키는 고리가 되어왔습니다. 전쟁이 있어야 평화도 가능합니다. 그런 의미에서 나는 평화를 지향하는 모든 철학은 병이 들었다고 말했으며

전쟁을 포기하는 사람은 위대한 삶을 포기하는 사람이라고 말했습니다.

어떤 사람들은 나의 말들을, 나의 저술들을 상징적으로만 해석하려 하는데요. 나는 이들에게 묻고 싶습니다. "신은 죽었다"는 말이나 "여자에게 가려하느냐? 채찍을 잊지 마라!"를 상징적으로 해석해보라고. 여자를 더 강하게 사랑하라는 의미라고요? 말도 되지 않습니다. 나도 물론 상징적인 표현을 사용하기도 했습니다. 그러나 '영겁회귀'처럼 내가 그 내용을 확신할 수 없는 경우에 한해서였습니다. 그러므로 그것들을 무시해도 큰 잘못이 아닙니다. 상징적인 말에 매달린다거나 나의 철학을 상징적으로 해석하려는 것은 결국 나의 진의를 왜곡하는 결과밖에 초래하지 않습니다. "신은 죽었다"는 말은 바로 "신이 없다"는 의미이지 새로운 신을 찾아야 된다는 말이 아닙니다. "신이 없다"는 말 대신에 "신은 죽었다"라는 말을 사용한 것은 귀가 먹어 알아듣지 못하는 유신론자들에게 자극을 주기 위한 것이었습니다. '여자'나 '채찍' 같은 말도 구체적인 표현입니다. 내가 말하는 '전쟁'도 구체적인 선생의 의미를 포함하고 있습니다. 나의 철학을 상징적으로 해석하려는 이 애매한 자들의 입에 내 이름이 오르내리지 않았으면 좋겠습니다.

F 니체 선생의 솔직함을 존중합니다. 철학자가 상징적인 표현을 사용하는 경우에도 오히려 그것을 구체적인 삶과 연관시켜서 이해

하는 것이 해석자의 도리라고 생각합니다. 철학은 예술이 아닙니다. 감동이 아니라 확신을 주어야 합니다. 많은 경우 상징적인 예술은 현실을 왜곡하거나 애매한 표현을 통해 독자들을 현혹하고 있습니다.

전쟁과 분단을 바라보는 철학자의 시선

강물 인류의 전쟁을 살펴보면 과거에는 전쟁이 주로 종교 때문에, 현대에는 경제적인 탐닉 때문에 일어났습니다. 19세기에 들어서면서 자본주의가 발전하고 이러한 발전을 등에 업고 서구 제국주의가 등장하였으며 제국주의 열강들은 식민지 개척에 혈안이 되었지요. 식민지를 많이 차지하기 위하여 열강들이 아귀다툼을 벌인 것입니다. 제국주의의 식민지 개척에 아이러니하게도 종교가 동원되기도 했지만 솔직한 제국주의 이론가들은 다윈의 진화론과 니체의 권력의지철학을 이념적인 무기로 삼았습니다. 강한 자가 약한 자를 정복하고 지배하는 것이 자연과 우주의 법칙이라는 생각입니다. 오늘날에는 제3세계의 민중들이 각성하여 자주독립을 획득하기 시작했고 그들의 이념을 이끌어준 것은 니체 선생님의 철학과 상반되는 맑스주의의 인간 해방론이었습니다. 그런데 아직까지도 제국주의 침략의 희생물이 되어 독립을 쟁취하지 못하고 분단의 비극을 안고 살아가는 나라가 지구상에 하나 남아 있습니다. 바로 제가 살고 있는 한반도입니다. 같은 언어와 같은 핏줄을 갖고 있는 민족이 본인들의 의사와는 상관없이 외세의 강요에 의해 둘로 갈라져 원수처럼 싸우며 살아가고 있습니다. 이곳에서 앞으로 세계대전이 발발할 가능성이 매우 크며 그러므로 세계평화를 위해서는 한반도 문제가 중요한 역할을 하고 있습니다. 이에 대한 두 선생님의 견해를 듣고 싶습니다.

N 내가 알기로 이 나라는 남과 북으로 분단되기 이전에 이미 일본의 식민지였습니다. 나는 일본의 사무라이정신을 높이 평가하는데요. 당시 조선은 무를 경시하고 문만을 중시하며 쓸모없는 당쟁에 휩싸여 국력이 허약해졌습니다. 허약한 민족이 강한 민족에 의하여 지배되는 것은 당연한 이치입니다. 나는 조선이 식민지가 된 것이나 이후에 분단이 된 것은 전적으로 조선민족에게 책임이 있다고 생각합니다. 일본사람들이 재빨리 서구사상과 문물을 받아들이고 나의 철학을 익힐 때 조선 사람들은 중국의 성리학에 매달려 당쟁과 사화를 일삼고 있었으니까요.

F 니체 선생이 너무 간단하게 결론을 내린 것 같습니다. 조선에서도 실학이라는 유물론적 철학이 나타나기도 했습니다. 물론 지배계층에 의해서 억압되었지만요. 결국 관념론철학에 의해서 허약해진 조선은 식민지가 되었고 마침내는 분단이라는 비극을 감당할 수밖에 없었습니다.

그러나 분단의 책임을 약소민족에게만 뒤집어씌우는 것은 옳지 않아요. 역사적인 상황을 냉철하게 검토해보아야 합니다. 내 생각으로는 제일 먼저 강대국에게 분단의 책임이 있습니다. 독일처럼 전쟁을 일으킨 패전국의 분할은 있을 수도 있지만 작은 식민지 국가를 나누어먹기 식으로 분단한다는 것은 인간의 정의와 양심에 어긋나는 일입니다. 다시 말해 당시의 열강들이 양심적으로 대처했다면 전범자인 일본이 분단되었어야 하는 거죠. 자국의 이익에 눈이 어두워 양심을 저버린 것입니다.

다음으로 분단을 그대로 받아들이면서 권력을 유지하려 했던 조선의 위정자들에게 책임이 있습니다. 이들은 나라의 장래보다도 일신의 안위를 더 중하게 여겼습니다. 마지막으로 분단에 철저하게 저항하지 않은 조선인민들에게도 책임이 있습니다. 자각된 인민의 역량은 무진(無盡)하기 때문에 분단을 막을 수도 있었고 분단 후에도 자주통일을 이룩할 수도 있었습니다. 아무튼 오늘날 세계의 모든 양심적인 지식인들은 21세기의 가장 큰 비극이라고 할 수 있는 이 나라의 운명에 주목하고 분단을 해소하기 위해 양심의 목소리를 내야 합니다. 분단이 계속되는 경우 전쟁이 일어나고, 결국 세계대전으로 발전할 수 있기 때문입니다. 그 경우 분단국의 민중뿐만 아니라 전 세계의 인민들이 참화를 입게 됩니다.

강물 포이어바흐 선생님이 차분하게 좋은 말씀을 해주셨습니다. 프랑스 식민지였던 알제리가 독립을 위해 투쟁할 때 사르트르 선생님은 이 독립운동을 지지했습니다.[12] 철학자의 양심은 편협한 애국심의 한계를 넘어서야 한다는 것을 실천으로 보여주었죠. 또 사르트르 선생님은 러셀 선생님과 함께 국제 모의재판을 개최하여 미국의 침략 행위를 단죄하였습니다.

한반도 분단을 바라보는 세계의 시선

강물 세계 곳곳에서 긴급 발언 신청이 들어왔습니다. 차례로 발언하기 바랍니다.

저는 베를린 대학에서 국제정치학을 공부하고 있는 칼 메링이라는 학생입니다. 제2차 세계대전이 끝나면서 3개의 나라가 분단되었습니다. 독일, 베트남, 조선[13]입니다. 제가 살고 있는 독일의 경우 독일인들은 분단에 현명하게 대처했습니다. 분단 후에도 서독의 학생들은 맑스주의에 관한 서적은 물론 공산주의가 된 동독의 서적들도 자유롭게 읽을 수 있었지요. 서독과 동독의 주민들은 활발하게 서신을 교환하고 왕래했습니다.

1974년에는 뮌헨에서 월드컵 축구대회가 개최되었고 동·서독 축

---

12 사르트르는 프랑스의 사상가였다.
13 분단되기 직전의 나라를 말하기 위해 한반도(지역만을 의미하는 느낌)나 대한민국 대신 조선이라고 표현했다.

구팀이 함께 참가하였습니다. 그때 동·서독의 외무장관이 만나 서로 상대국의 팀이 우승할 거라 격려하며 내기로 맥주 한 상자를 걸었다는 뉴스가 나와 사람들을 감동시키기도 했지요. 그 후에 서독 브란트 수상의 여비서 하나가 동독 간첩으로 판명되어 세상을 놀라게 했는데 더 놀라지 않을 수 없었던 것은 이 여비서를 처형하지 않고 동독에서 붙잡힌 서독 간첩과 교환한 것입니다. 그런데 왜 조선민족은 서로 원수처럼 싸우고 있습니까? 외세의 강요를 흔쾌히 받아들이고 서로 싸우는 민족은 결코 현명하지 못합니다. 평화와 통일을 위해서 조선민족도 우리 독일민족처럼 서로를 배려하고 격려하는 정신을 갖는 것이 중요하다고 생각합니다.

저는 페테르부르크 대학에서 세계사를 공부하고 있는 요셉 스트루베입니다. 강대국의 책임 문제와 연관하여 마치 당사국인 미국과 소련이 똑같이 책임이 있는 것처럼 들리기에 저의 의견을 말하고 싶습니다. 물론 일본이 항복한 후 조선의 양쪽을 점령한 미국과 소련에 어느 정도 분단의 책임이 있는 것은 사실입니다. 그러나 소련은 1948년에 이미 북조선에서 완전히 군대를 철수하고 조선인민의 자주독립을 지원했습니다. 그러나 미국은 오늘날까지도 많은 군대를 남쪽에 주둔시키며 여러 가지 간섭을 하고 있습니다. 미국이 대승적 차원에서 하루빨리 군대를 철수하고 조선민족이 자주적으로 평화통일을 실현하게 하는 것이 세계평화를 위해서 최선의 길이라고 생각합니다.

　　저는 파리 소르본대학에서 문학을 공부하고 있는 알베르 루이입니다. 토론의 분위기를 살펴볼 때 맑스주의에 가까운 포이어바흐 선생님과 실존주의에 가까운 니체 선생님이 첨예하게 대결하고 있으며 남북한도 이와 비슷하게 이념적으로 갈라져 싸우고 있다는 인상을 받았습니다. 그러나 대결과 싸움에는 항상 타협과 화해의 길이 있게 마련입니다. 그러므로 철학에서도 그러한 타협이 필요합니다. 다시 말하면 한국, 일본, 미국의 지식인들이 옹호하는 이념과 북조선, 중국, 러시아가 옹호하는 이념이 서로 조화될 수 있는 제3의 철학이 필요합니다. 우리나라의 대표적인 철학자인 사르트르 선생님도 말년에 『변증법적 이성비판』이라는 책에서 실존주의와 맑스주의를 접목시키려고 시도한 적이 있습니다. 그러므로 분단을 해소하고 통일을 실현하기 위한 전제 조건으로 우선 양 지역의 철학자들이 만나 허심탄회하게 토론한 후 양 지역의 민중들이 다 같이 신뢰할 수 있는 철학을 구상해보는 것이 신길 문제라고 생각합니다.

　　저는 스위스 바젤대학에서 신학을 공부하고 있는 우시 예거입니다. 제 생각으로는 강대국에 둘러싸인 약소국가인 한국과 조선이 통일이 되어 스위스처럼 영세중립국을 선포하고 다른 나라들도 이에 동의해주었으면 합니다. 그것은 이 나라 인민뿐만 아니라 아시아 인민, 나아가서는 인류의 평화를 위해서 가장 바람직한 조치가 될 것입니다.

강물 발언 신청자가 끝이 없습니다만 시간 관계상 이것으로 마치려 합니다. 그런데 미국의 유명한 정치철학자 찰스 선생님이 발언을 요청했습니다. 그럼 마지막으로 선생님의 말씀을 들어보기로 하겠습니다.

찰스 내가 미국에 살고 있습니다만 미국의 철학은 실용주의이고 대외 정책도 실용주의적입니다. 다시 말하면 인류의 정의나 양심보다는 자국의 이해관계가 대외 정책을 결정합니다. 짧게 말씀드리겠습니다. 미국은 이 작은 마지막 분단국가가 하루빨리 자주적으로 통일을 하도록 도와주어야 합니다. 미국만이 그것을 할 수 있고 또 해야 합니다. 그것을 통해서 미국은 제국주의적 침략 국가라는 지금까지의 오명을 떨쳐버릴 수 있습니다.

09

∞

자유토론

강물 이제 다시 철학토론으로 되돌아오겠습니다. 두 선생님들의 철학에 대한 해석과 논쟁이 후대에 무수히 나타났습니다. 특히 니체 선생님에 대한 관심은 지대하여 수천 권이 넘는 전기나 해설서가 나왔습니다. 우선 선생님들의 철학을 가장 잘 해석한 책을 한 권만 지적해주시기 바랍니다.

F 내가 생각해도 나의 철학은 과도적인 성격을 지녔습니다. 베르너 슈펜하우어가 1965년에 쓴 『루트비히 포이어바흐와 청년 맑스』라는 책입니다.

N 사회자가 말한 것처럼 너무 많아 선택하기가 어렵네요. 1905년에

사회주의적인 신칸트학파의 철학자 한스 파이힝거가 쓴『철학자로서의 니체』입니다. 이 책은 126쪽의 적은 분량 안에 나의 사상을 매우 명쾌하게 요약하였습니다. 나는 민주주의나 사회주의를 적대시하지만 사실을 사실대로 말하는 철학자를 사랑합니다. 온갖 이론을 동원하여 나의 철학을 소개한다고 떠벌리면서 나의 사상을 왜곡하거나 빗겨가는 현대의 어중이떠중이 철학자나 철학교수들을 멸시합니다. 예컨대, 내가 무슨 '초월자'를 찾는 철학자입니까?(야스퍼스) 내가 무슨 '존재로서의 존재'를 찾는 철학자입니까?(하이데거) 내가 무슨 '반항'이나 '몸'의 철학자입니까? 내가 무슨 '미지의 신'을 찾는 철학자입니까? 내가 무슨 구조주의 철학자입니까? 착각은 자유입니다만 나는 '권력의지'의 철학자일 뿐입니다. 내가 종래의 가치를 파괴한 것도 권력의지의 철학 때문이었고 내가 '초인'이라는 미래의 이상을 제시한 것도 권력의지의 철학을 기반으로 한 것입니다.

강물 핵심을 비켜가는 잡다한 해석들은 한국 속담으로 말하면 '도토리 키 재기' 혹은 '장님 코끼리 만지는 격'인 것 같습니다. 그럼 두 선생님이 거명하신 슈펜하우어와 파이힝거 선생님을 모셔보기로 하겠습니다. 연장자이신 파이힝거 선생님이 먼저 나와주세요.

파이힝거가 니체를 비판하다

파이힝거 나는 1852년에 독일에서 태어났습니다. 나는『마치 …인 것처럼의 철학』(Die Philosophie des Als Ob)이라는 이상한 제목의 책을 써서 유명해진 사람입니다. 나는 니체의 철학이 지니는 핵심적인 내용을 7가지로 요약 정리했습니다. 니체는 스스로의 철학적인 이상을 제시하기 위하여 종래의 가치들을 파괴해야 했습니다. 그런 의미에서 그는 스스로 말한 것처럼 '망치를 든 철

파이힝거
(Hans Vaihinger, 1852~1933)
독자적인 허구주의 제창

학자'였고 '인간이 아니라 다이너마이트'였습니다. 그가 비판하고 파괴하려 했던 대상은 7가지입니다. 그것은 니체의 철학에 핵심이 되고 있습니다. 이것을 모르고 니체의 철학을 논한다는 것은 니체가 말하는 어중간한 철학자에 불과합니다.

그럼 니체가 비판했던 7가지 대상과 연관하여 그의 철학적 특징을 7가지로 요약해보겠습니다. 반주지주의, 반도덕주의, 반기독교주의, 반염세주의, 반여성주의, 반민주주의, 반사회주의인데요. 반주지주의는 소크라테스 중심의 이성적인 철학에 대한 비판이고 반도덕주의는 종교적인 도덕을 답습한 부르주아 도덕에 대한 비판이었습니다. 니체는 이러한 비판의 전제 아래 미래의 이상을 제시하려 했기 때문에 이 7가지 특징이 그의 철학을 이해하는 열쇠가 되는 것입니다.

강물 니체 선생님의 철학을 일목요연하게 정리해주셔서 저도 이제 니체 선생님의 철학 내용을 어느 정도 이해할 것 같습니다.

니체와 민주주의

강물 그리스 아테네에서 긴급 질문을 신청했습니다. 나와주세요.

긴급 질문자 저는 아테네 대학에서 정치학을 공부하는 데모토스입니다. 니체 선생님은 고대 그리스 문화의 연구를 출발점으로 하여 철학으로 나아갔습니다. 고대 그리스에서는 제한적일망정 민주주의가 이루어졌습니다. 그런데 인류가 이상으로 하는 민주주의를 선생님이 혹독하게 비판한 것은 도저히 이해가 되지 않습니다. 그에 대해서 좀 더 자세히 해명해주시면 고맙겠습니다.

N 민주주의란 민중, 다시 말하면 백성이 중심이 되는 정치제도입니다. 백성은 다수로 이루어졌으며 서로 큰 차이를 보이지 않습니다. 어중이떠중이로 이루어진 민중이 정치의 주도권을 잡게 되면 뛰어난 인물이 설 자리는 없어집니다. 그 경우 인간은 마치 개미처럼 차차 퇴보하게 됩니다. 고대 그리스에서도 민주주의가 더 우세하던 시기의 문화는 귀족주의가 지배하던 시기보다 뒤떨어졌습니다. 그것을 나는 내 첫 저술에서 자세하게 밝혔습니다. 민주주의가 법적 평등을 내세운다면 사회주의는 거기에 경제적 평등까지 덧붙입

니다. 여하튼 평등한 사회는 초인과 같이 강하고 고귀한 인간을 파멸시키기 때문에 나는 민주주의와 사회주의를 다 같이 거부합니다.

강물 다음에 포이어바흐 선생님에 대한 슈펜하우어 선생님의 해석을 들어보기로 하겠습니다.

슈펜하우어 나는 포이어바흐 선생의 전집을 새로 편집한 구동독의 철학자입니다. 나는 당연히 사회주의의 이념이 되는 맑스주의를 중심으로 서양철학을 이해하려 하였고 포이어바흐의 철학을 이해하는 데서도 예외가 아니었습니다. 다시 말하면 포이어바흐의 철학은 맑스와 엥겔스에 의해서 가장 잘 이해되고 가장 잘 비판되었으며 가장 창조적으로 수용·발전되었다는 것입니다. 그러므로 포이어바흐의 철학은 그 발판이 된 헤겔철학과 맑스주의철학과의 관계 속에서만 그 의의가 드러나며 여기에서도 가장 중요한 역할을 한 것이 청년 맑스라는 사실입니다. 청년 맑스의 진보적인 세계관이 형성되는 데 지대한 영향을 미친 포이어바흐야말로 독일고전철학*의 진수가 아닐 수 없습니다. 헤겔의 사후에 독일철학은 쇼펜하우어를 기점으로 하여 비합리주의적인 방향으로 내닫기 시작했습니다. 비합리주의 철학은 칸트에서 헤겔에 이르는 고전철학의 성과를 송두리째 팽개치려 했습니다. 이에 반하여 포이어바흐는 독일 고전철학의 유산을 버리지 않으면서도 시대적 상황에 맞는 새로운 철학을 제시하려 하였는데 그것이 바로 인간이 중심이 되는 유물론이었습니다. 포이어바흐의 철학은 관념론적인 편견을 치유해주고 철학 발전의 균형을 유지해주는 보고가 되었습니다.

강물 잘 설명해주신 두 분께 박수를 부탁합니다. (청중 박수) 헤겔 선생님이 발언을 요청하셨습니다.

헤겔(Georg Wilhelm Friedrich Hegel, 1770~1831)
독일의 철학자, 독일관념론의 완성자

헤겔 맑스주의에 의하면 포이어바흐 선생이 거꾸로 서 있는 나를 바르게 뒤집어 놓았다고 말하는데 나는 오히려 포이어바흐 선생 때문에 거꾸로 서 있는 느낌입니다. 어지러워 죽을 지경이니 제발 원래의 나로 되돌려주기 바랍니다.

(청중 웃음)

강물 다음으로 포이어바흐와 니체 선생님의 저술이 다른 나라 사람들에게 얼마나 소개되어 있는지에 대해서 알아보기로 하겠습니다. 니체 선생님의 저술은 사회주의 국가를 제외한 전 세계에 너무나도 잘 알려져 있어서 거론할 필요가 없고 포이어바흐 선생님의 저술이 관심의 대상이 됩니다. 아무래도 언어의 차이가 많은 동양의 경우를 중심으로 진행하겠습니다. 동양에서 서양철학의 전파에서 선두를 달렸던 나라는 일본입니다. 일본에서 포이어바흐 선생을 연구하고 번역하는 데 일생을 바치신 구와야마 마사미치〔桑山政道〕선생님을 모시고 일본에서의 포이어바흐 연구와 번역에 관해 알아보기로 하겠습니다.

구와야마 나는 1923년에 일본 북해도에서 태어났습니다. 대학에서 철학을 공부했는데 그때 포이어바흐의 철학을 알게 되었지요. 20살 때 나는 해군장교로 전쟁에 참가하게 되었는데요. 기차를 타고 조선 땅을 지나면서 비참한 생활을 하고 있던 조선 사람들을 목격하였고 비인간적이고 참혹한 전쟁도 체험하였습니다. 나는 전쟁을 일으킨 일본군국주의에 반감을 가졌고 그 중심에 있는 천황제를 비판하게 되었습니다. 그때 많은 도움을 준 것이 포이어바흐의 철학이었습니다. 종전 후에 나는 초등학교 교사로 근무했지만 항상 포이어바흐의 책과 가까이 지냈어요. 일본에서는 이미 1970년대에 포이어바흐의 전집이 18권으로 완역되어 나왔습니다. 〈일본포이어바흐 학회〉도 조직되어 활동하고 있고요. 이 학회에는 교수뿐만 아니라 가정주부나 회사원도 회원으로서 참여하고 있답니다. 나는 주로 포이어바흐에 관한 2차 자료, 즉 전기나 해설서를 일본어로 번역하여 소개하는 데 열중하고 있습니다. 슈펜하우어의 책도 예외가 아니고요.

강물 같은 동양인으로서 일본의 학문 연구가 부러울 정도입니다. 왜냐하면 한국에는 포이어바흐의 철학이 거의 소개되지 않았고 포이어바흐의 저술 가운데 『기독교의 본질』과 『종교의 본질에 대한 강의』 2권만이 서기 2000년을 지나서 번역되었기 때문입니다. 한국에서는 유물론철학이 죽은 개처럼 취급되고 있으며[14] 유물론의 고전에 속하는 홀바흐의 『자연의 체계』도 아직 번역되지 않았습니다. 그것은 한국철학의 편협함과 낙후성을 단적으로 말해주고 있습니다.

N 매우 유감스러운 현상입니다. 나는 관념론철학자이고 유물론을 비판하는 입장에 있습니다만 싸움이란 모름지기 합당한 적수가 있

---

14 이조의 성리학이 유물론을 사문난적으로 몰아갔고 해방 후에는 반공법이 공산주의 이전에 서양철학의 핵심이었던 유물론을 공산주의 사상과 일치시켜 소탕하려 했기 때문이다.

어야 재밌는 법이지요. 철학도 싸움을 통해 발전합니다. 자본주의 사회에서도 유물론과 관념론이 균형을 이루어 사회와 문화의 발전을 이끌어주어야 합니다.

F 나도 전적으로 동감입니다. 사회주의 사회에도 내 책과 함께 니체 선생의 책들이 소개되는 것이 바람직합니다.

강물 한국에 있는 학생이 긴급질문을 신청했습니다.

긴급
질문자 저는 한국의 서울에서 신학을 공부하고 있는 유맹신이라는 학생입니다. 니체 선생님이 기독교를 비판했기 때문에 결국 정신병에 걸려 비참하게 죽었고 또 젊은 날의 방황 때문에 매독에 걸렸다는 이야기를 들은 것 같은데 그 진위가 궁금합니다.

N 유치한 질문에는 대구를 하지 않겠습니다.

강물 이 질문은 없었던 것으로 하겠습니다. 마지막 질문을 받겠습니다.

질문자 저는 쿠바의 하바나대학에서 철학을 공부하고 있는 체 마르티입니다. 포이어바흐 선생님에게 묻겠습니다. 선생님의 철학은 유물론에 경도되어 헤겔의 변증법을 소홀히 했다는 지적이 나왔는데 동의하십니까?

F 동의합니다만 약간의 의견이 있습니다. 헤겔의 철학을 수용하면서 관념론 비판에 집중하는 것이 더 중요합니까, 아니면 변증법을 부각시키는 것이 더 중요합니까? 물론 다 같이 중요합니다만 어느것이 더 우선인가를 묻고 싶습니다. 나는 관념론 비판이 더 우선이라고 보았습니다. 다시 말하면 철저한 유물론은 필연적으로 변증법적 발전을 유도하지만 철저한 변증법이 필연적으로 유물론을 유도하지는 않는다는 것입니다.

"인간이 신이다!"

강물 어느덧 마지막 토론의 시간이 다가왔습니다. 이 시간에는 토론자, 방청객, 인터넷 관람자 등 누구나 자유롭게 질문과 대답을 할 수 있으며 비판과 의견 제시도 허용하겠습니다.

질문자 저는 노르웨이 과학 아카데미 소속의 헨리 입센입니다. 특별히 사회자에게 질문하겠습니다. 지금까지의 진행 결과로 보아 사회자가 좀 편협하다는 인상을 받았습니다. 다시 말하면 니체보다도 포이어바흐의 편을 들었습니다. 사회자는 니체의 철학이 지니는 장점이 무엇이라고 생각합니까?

강물 우선 그런 인상을 받았다면 죄송합니다. 저는 나름대로 공평하게 사회를 보려고 노력했습니다. 니체의 장점으로는 파이힝거가 정리한 7가지 특징 중에서 반기독교주의와 반염세주의라고 생각합니다.

저는 평양에 있는 김일성종합대학 철학부에서 세계철학사를 연구하는 김철이라는 연구원입니다. 앞에서도 언급된 것처럼 포이어바흐와 니체 선생의 중간에 있는 철학이 맑스주의입니다. 포이어바흐의 철학은 맑스주의의 기초가 되고 있으며 니체의 철학은 맑스주의에 대항하는 의미를 지니고 있습니다. 그러므로 두 철학에 대한 평가도 맑스주의의 위상에 의해서 결정된다고 말할 수 있습니다. 사르트르 선생님에게 묻겠습니다. 선생님은 『변증법적 이성비판』이라는 책에서 지금까지 나온 철학 중에서 그래도 '맑스주의가 최선'이라고 말씀하셨는데 소련과 동유럽이 몰락한 오늘날에도 선생님의 생각에는 변함이 없는지 대답해주기 바랍니다.

사르트르(Jean-Paul Sartre, 1905~1980)
프랑스의 소설가이자 철학자,
무신론적 실존주의를 제창

사르트르 대답하기 매우 어려운 질문입니다. 내가 그 책을 쓴 것은 1960년이었습니다. 그 사이에 많은 세월이 흘렀습니다. 세상이 변했습니다. 맑스주의를 실천에 옮긴 러시아 공산주의가 무너졌습니다. 맑스주의에 의하면 진리의 척도는 실천에 있습니다. 그렇다면 맑스주의는 실천에 의해 그 타당성이 무너졌다고 말할 수도 있습니다. 그러나 다른 한편으로 구소련과 동구사회가 맑스주의를 옳게 적용했는가의 문제도 나타날 수 있습니다. 그것은 많은 연구를 필요로 하는 철학자들의 과제입니다. 질문에 대한 나의 대답은 간단합니다. 맑스주의의 철학적 핵심은 인간에 의한 인간의 착취가 사라지는 사회를 실현하는 데 있습니다. 그러므로 그러한 착취가 사라지지 않은 곳에서는 항상 맑스주의 철학의 정당성이 존재한다는 것입니다.

강물 매우 중요한 문제입니다만 우리의 토론주제와는 거리가 있기 때문에 다음 토론으로 넘어가겠습니다.

질문자 저는 한국의 서울대학교 대학원에서 철학을 전공하는 박창현입니다. 포이어바흐 선생님에게 묻겠습니다. 선생님이 말하는 '종교적 소외'와 훗날 맑스주의에서 말하는 '소외'는 어떤 연관성이 있으며 그 차이는 무엇입니까?

F 나는 소외 문제를 인간과 신의 관계에서 제기했습니다. 다시 말하면 인간이 스스로의 행복을 위해서 만들어낸 신이 거꾸로 인간을 지배하면서 인간을 비하하는 현상을 '종교적 소외'라 불렀지요. 일반적으로 인간 활동의 산물이 인간으로부터 독립되거나 인간을 지배하는 어떤 것으로 변하는 현상을 '소외'(疏外, Entfremdung)라

부르는데요. 다시 말하면 자기가 만들었거나 자기와 친숙한 대상이 거꾸로 자기를 지배하는 어떤 낯선 힘으로 나타날 때 우리는 "소외를 느낀다"라 말합니다. 맑스주의는 소외를 인간과 노동의 문제, 인간과 인간 사이의 문제로 환원시켰습니다. 다시 말하면 스스로의 행복을 위해 만든 생산물이 생산자를 오히려 위압하는 현상, 즐겁게 수행해야 할 노동이 인간에게 어쩔 수 없는 고역으로 다가오는 현상, 행복을 나누는 동료가 되어야 할 주위의 인간이 경쟁의 대상이 되어 적대자로 나타나는 현상 등을 자본주의 사회에서 필연적으로 나타나는 인간의 소외라 불렀고 그 원인을 자본주의의 사회구조에서 찾았습니다. 그러므로 인간이 소외되어가는 현상을 객관적으로 파악하려는 의도에서 나와 맑스주의 사이에 큰 차이가 없습니다만 그 원인의 분석에서는 차이가 난다고 말할 수 있습니다.

강물 맑스주의는 네 번째 유형의 인간소외로 인간의 유적본질 (Gattungswesen)에 대한 소외를 말하고 있습니다. 포이어바흐 선생님께서도 인간의 '유적본질'을 매우 강조하시는데 이에 대해 좀 쉽게 설명해주시면 고맙겠습니다.

F 인간은 개인으로서 존재합니다만 동시에 인간종족의 한 부분으로서 존재합니다. 많은 종교와 철학이 개인으로서의 인간에 초점을 맞추고 인간 문제를 해명하려 하였습니다. 종교에서 말하는 개인

영혼의 불멸설도 개인 중심적이고 이기적인 생각에서 나온 산물입니다. 그러나 인간에게 중요한 것은 개인보다도 사회이며 사회보다도 인간 전체입니다. 인간이 자기의 보금자리라고 할 수 있는 전체적인 사회생활에서 편안함보다도 불안을 느끼고 개인의 고독 속으로 도피하려 한다면 그것은 소외의 한 표현임에 틀림없습니다. 개인보다 종족이 더 중요하고 개인은 인간 전체 속에서만 가치와 행복을 찾아야 된다는 의미에서 나는 물론 맑스주의가 인간의 '유적본질'을 강조한 것입니다.

질문자 저는 한국의 광주에 있는 조선대학교 독일어과에서 현대 독일문학을 공부하고 있는 오정숙입니다. 포이어바흐 선생님은 "인간은 먹는 것이다(Der Mensch ist, was er ißt)"라는 말을 했는데 예술 활동과 같은 인간의 정신적인 측면을 너무 과소평가한 것이 아닙니까?

F 예, 충분히 오해의 소지가 있는 말입니다. 나의 본의는 "인간의 본질은 먹는 데 있다", 혹은 "인간의 모든 활동은 먹는 데로부터 출발해야 한다"는 사실을 강조하고자 했던 건데요. 다시 말하면 인간이 예술이나 과학 등의 정신적 활동을 잘하기 위해 먼저 육체가 건강해야 한다는 말입니다. 감성이 이성의 기초가 되어야 한다는 의미로 이해해도 무난합니다. 나중에 맑스도 비슷한 말을 했는데 모

든 유물론자들은 육체의 중요성과 함께 정신의 중요성도 간과하지 않습니다.

카뮈(Albert Camus, 1913~1960)
프랑스의 소설가,
1957년 노벨 문학상 수상,
전후(戰後)의 사상과 문학에
크게 영향을 끼침

카뮈 니체 선생에게 묻겠습니다. 나는 인간의 본질이 반항에 있다고 생각하면서 니체 선생의 철학도 삶의 무의미에 대한 일종의 반항이라 해석했는데 니체 선생은 자신의 철학이 '반항의 철학'이 아니라고 말했습니다. 그 이유는 무엇입니까?

N 카뮈 선생의 출발점은 삶이 무의미하고 부조리하다는 자각입니다. 이러한 부조리에 반항하면서 부조리 그 자체를 사랑하면 부조리가 극복된다는 것이 선생의 주안점이었습니다. 나는 삶이 근본적으로 상승하는 힘, 다시 말하면 권력의지라는 전제에서 출발했습니다. 그러므로 파괴와 지배가 주도할 뿐 반항은 큰 의미를 갖지 못합니다. 다이너마이트를 갖고 적을 송두리째 폭파해버리는 철학이 어찌 반항의 수준에 머물겠습니까?

볼테르(Voltaire, 1694~1778)
프랑스 계몽기의 사상가,
신앙과 언론의 자유를 추구하
는 합리주의적인 계몽사상가

볼테르 니체 선생, 당신은 한 책에서 그 책을 나에게 바친다는 헌사를 붙여 놓았는데 그에 대한 자세한 내막을 알려주세요.

N 그렇습니다. 나는 『인간적인, 너무나 인간적인』이라는 책의 부제로 '자유로운 정신을 위해'라는 말을 붙였는데 볼테르의 서거 100주기를 기념하기 위한 것이었습니다. 이 책에서 나는 과학적이고 실증주의적인 입장에 서서 헛된 이상에 들떠 있는 이상주의자들을 '너무나 인간적인 것'으로 간주하고 비판하였습니다. 예술에 빠져 있는 천재들도 비판했는데 바그너를 염두에 둔 것이었지요.

내가 이 책을 볼테르에게 헌정한 것은 계몽주의 입장에서 종교적인 몽매주의를 비판하는 데 동감했기 때문입니다. 책이 출판 된 날 파리에서 누군가가 볼테르의 흉상을 보내왔습니다. 너무나 신기한 일이었습니다. 동봉한 폭시에는 "볼테르의 영혼이 프리드리히 니체에게 축하를 한다"는 말이 적혀 있었습니다. 나는 이 흉상을 책상 위에 놓고 바라보면서 매우 감동하였습니다. 그것을 본 나의 여동생은 불안해했지만요. 계몽주의자로서 "철면피를 분쇄하라!"고 외쳤던 볼테르가 겪었던 불행이 떠올랐기 때문이었겠죠.

볼테르가 말한 '철면피'란 '종교적 광신'이었습니다. 볼테르는 종교적 편견으로부터 해방되어 인간의 정신이 참된 자유를 쟁취할 것을 호소하였습니다. 그 때문에 많은 박해를 받았고 항상 도피처를 염두에 두면서 살아야 했지요. 여동생은 갑자기 울음을 터트렸습니다. 내가 왜 우느냐고 묻자 여동생은 말했습니다, "볼테르는 편견의 세계와 맞서 더 잘 이겨낼 수 있어요. 더 강한 재질로 만들어졌거든요." 나는 대답했습니다, "나는 네가 생각하는 것보다 더 강하다. 보탄은 내 가슴속에 강한 심장을 들여놓았다." 보탄은 게르만 족의 전쟁을 상징하는 신입니다. 여동생은 고개를 저었습니다. 말은 그렇게 하지만 나의 연약한 마음은 상처받기 쉽다는 것을 잘 알고 있었기 때문이지요. 나는 많은 사람들의 비판을 받았습니다. 하지만 그에 굴하지 않고 마음을 가다듬었습니다. "인간들은 정신의 해방자에 대한 증오에서 무자비하며 사랑에서 불공정하다. 그럼에도 불구하고 나는 조용히 나의 길을 가면서 나를 방해하는 모든 것을 무시하련다."

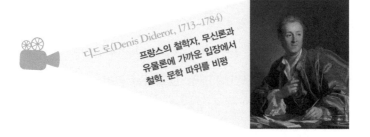

디드로(Denis Diderot, 1713~1784)
프랑스의 철학자, 무신론과
유물론에 가까운 입장에서
철학, 문학 따위를 비평

디드로 나는 문학과 철학이 뒤섞일 수 있다고 생각합니다. 나의 소설 『라모의 조카』에는 철학, 특히 유물론적인 철학이 담겨 있습니다. 포이어바흐 선생, 당신의 철학은 너무 논리적이고 무미건조한 것 같습니다. 철학이 꼭 그렇게 논리적이어야만 합니까?

F 나도 그 소설을 매우 흥미 있게 읽었습니다. 물론 능력이 있는 사람은 문학과 철학을 뒤섞어도 상관이 없습니다. 그러나 능력도 없으면서 어중간하게 뒤섞어놓으면 잡탕이 되어 문학도 망치고 철학도 망치게 됩니다. 신학과 철학이 어중간하게 뒤섞이면 신학도 망하고 철학도 망하는 것과 비슷한 이치입니다.

하이데거(Martin Heidegger, 1889~1976)
독일의 철학자, 후설의 현상학을 바탕으로 인간의 존재 현상에 관한 실존주의적 존재를 전개

하이데거 포이어바흐 선생, 어떤 사람들은 나를 '무신론적 철학자'라 부르는데 맞는다고 생각합니까?

F 맞지 않습니다. 선생이 추구하는 '존재로서의 존재'는 결국 헤겔의 '절대정신'처럼 세속화한, 혹은 철학화한 신입니다. 사람들은 때로 당신의 말장난에 현혹되어 혼동하기 쉽습니다만 당신은 기껏해

야 관념론적인 무신론자의 수준입니다. 참된 무신론자가 되기 위해
서는 유물론철학으로 무장해야 합니다.

야스퍼스(Karl
Jaspers, 1883~1969)
**독일의 철학자로
실존철학을 대표**

야스퍼스 니체 선생, 나도 선생에
관한 해설서를 쓴 적이 있는데
내가 이 책에서 주장하는 것처
럼 선생이 추구하는 초인도 일
종의 초월자가 아닙니까?

N 신과 마찬가지로 초월자란 인간의 머릿속에서만 존재하는 하나
의 허깨비일 뿐입니다.

플레하노프 앞에서 포이어바흐 선생은 스스로의 철학이 과도적인
성격을 지녔다고 말했는데 지나친 겸손인 것
같습니다. 나의 생각은 다릅니다. 포이어바
흐의 철학은 헬베시우스, 홀바흐 등의 프랑
스 계몽주의철학과 함께 현대 유물론의 초
석을 다진 표준적인 철학입니다. 다시 말하
면 맑스나 엥겔스의 철학이 없었더라도 포이
어바흐의 유물론은 인류의 철학사에 커다란
기여를 했고 인류의 철학을 발전시킨 하나의

플레하노프
(Georgii Valentinovich
Plekhanov, 1856~1918)
**러시아의 혁명가, 「공산당
선언」을 러시아어로 번역**

보고가 된다고 생각합니다. 과거는 물론 현재, 그리고 미래에도 유물론의 가치는 사라지지 않기 때문입니다.

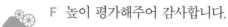

F 높이 평가해주어 감사합니다.

칸트(Immanuel Kant, 1724~1804)
독일의 철학자, 전통적인 형이상학 비판, 비판철학의 창시자

칸트 나는 모든 인간에게 해당되는 절대적인 도덕법칙인 절대적 무상명령이 존재한다고 생각합니다. 그것은 자유로운 이성이 본능을 억제하는 데 있으며, 그것이 가능하기 위해서는 인간의 영혼이 불멸하고 신이 존재해야 합니다. 그런데 두 선생의 도덕이론은 나의 주장을 여지없이 무너뜨리고 있습니다. 의지나 감성을 해방시키는 데서도 도덕적인 행위가 가능하며 도덕의 규범이 시대에 따라 변한다면 인간을 결속시키는 보편적인 의무감이 사라지고 그와 함께 본능이 활개치는 혼란한 사회가 도래하지 않겠습니까? 도덕에 대해서 진지한 연구를 하고 싶은 사람은 나를 너무 지나간 시대의 사람으로 제쳐놓지 말고 나의 도덕론인 『실천이성비판』을 진지하게 연구해주기 바랍니다.

공자 도덕법칙의 형식을 너무 강조하는 칸트 선생의 도덕론이 일반 백성에게 큰 도움이 되지 못할 것 같습니다. 오히려 도덕의 내용을

조목조목 정리한 나의 책『논어』속에 도덕
문제에 대한 해답의 열쇠가 들어 있다고 생
각합니다.

공자
(孔子, BC 551~BC 479)
**중국 춘추 시대의 사상가,
덕치 정치 강조**

강물 토론은 이정도로 마치고 중국의 노신
선생님께 이 토론회에 대한 총평을 부탁드
리겠습니다[15].

노신 이번에 두 서양 철학자를 모시고 진행된 철학토론을 재미있게
경청했습니다. 니체 선생은 양손에 다이너마이트와 망치를 들고 있
어 좀 으스스한 생각이 들기도 했습니다만 포이어바흐 선생이 자

노신(魯迅, 1881~1936)
**중국의 작가, 민중애, 사회악
과 인간악의 증오 및 투쟁 정
신이 작품 전체에 흐름**

연과 사랑이라는 무기로 모두에게 휴머니
즘을 전달해주는 것 같아 안심이 되었습니
다. 십자군전쟁 때처럼 종교가 한 손에 경
전을, 다른 손에 칼을 들고 타민족을 위협
하던 시대는 이제 끝났습니다. 오늘날에는
종교 대신에 철학이 인간을 결합시키는 역
할을 하고 있으며, 또 반드시 해야 합니다.

---

15 노신이 총평을 하는 이유는 그가 유물론을 이해하는 중국의 세계적인 사상가이기 때문
　　이다.

철학에서 가장 중요한 것은 비판정신입니다. 사람이 사람을 억압하는 봉건사회의 도덕을 비판한 것도 철학이었고 인간이 인간을 착취하는 자본주의의 도덕을 비판한 것도 철학이었습니다. 철학은 사회적 모순을 비판할 뿐만 아니라 인류애를 증진시키고 세계의 평화를 유지하는 데 기여해야 합니다. 두 철학자는 비판정신에서 투철했습니다. 그런 의미에서 모든 민족, 특히 동양 민족은 서양의 철학을 무조건 소개하는 데 그칠 것이 아니라 자기나라의 사정에 맞게 비판하고 수용하는 법을 배워야 합니다. 그리고 약소민족은 그러한 철학을 자기 민족의 해방투쟁에 이용해야 합니다. 다시 말하면 모든 철학자는 가슴에 손을 얹고 자신의 철학이 개인의 명성 획득이나 지적 호기심의 충족에만 도움이 되는가 아니면 조국과 민족의 장래에 보탬이 될 수 있는가를 진지하고 성실하게 반성해야 합니다. 그것을 위해서도 비판은 필수적입니다. 여기 나온 두 서양 철학자도 각각 다른 입장을 갖고 있지만 자신의 철학을 맹종하거나 교조적으로 전파하는 데는 반대할 것입니다. 아무튼 이러한 콘서트가 계속되는 것은 물론 동·서양의 철학자들이 만나 상호 토론하는 콘서트도 개최되어 철학의 발전과 세계평화에 기여하기를 바랍니다. 감사합니다.

강물 마지막으로 두 선생님께 이 토론회를 마무리하는 말씀을 부탁드리겠습니다.

포이어바흐

"철학은 다시 자연과학과, 자연과학은
철학과 결합하지 않으면 안 된다.
상호요구와 내적 필연성에 근거하는 이러한 결합은
지금까지 계속된 철학과 신학 사이의 어울리지 않는 결혼보다
더 지속적이고 더 행복하고 더 많은 결실을 맺을 것이다."

_「철학의 개혁을 위한 예비명제」 중에서

니체

"고독이 끝나는 곳, 그곳에서 시장이 시작된다.
그리고 시장이 시작되는 곳에서 위대한 배우들의 소음과
독파리들의 윙윙거리는 소리가 시작된다…
친구여, 고독 속으로 피하라!
나는 그대가 독파리에 쏘이는 곳을 보고 있다.
피하라, 차갑고 거친 바람이 부는 곳으로!"

_『차라투스트라는 이렇게 말했다』 중에서

강물 이것으로 이번 토론의 막을 내리겠습니다. 수고해주신 두 선생님, 토론에 참여해주신 많은 선생님들과 학생들, 끝까지 자리를 함께해주신 방청객 여러분, 그리고 이 토론회가 개최될 수 있도록 적극 후원해준 〈국제포이어바흐학회〉, 〈국제니체학회〉, 〈중화인민공화국 문화성〉에 깊은 감사를 드립니다.

(청중 박수)

계몽주의철학 16~18세기에 유럽 전역에서 일어난 혁신적 사상. 교회의 권위에 바탕을 둔 구시대의 정신적 권위와 사상적 특권과 제도에 반대하여 인간적이고 합리적인 사유를 제창하고 이성의 계몽을 통하여 인간 생활의 진보와 개선을 꾀하려 함.

공리주의 행위의 목적이나 선악 판단의 기준을 인간의 이익과 행복을 증진하는 데에 두는 사상. 개인의 복지를 중시하는 견해와, 최대 다수의 최대 행복을 내세우며 사회 전체의 복지를 중시하는 견해가 있음.

관념론철학 정신, 이성, 이념 따위를 본질적인 것으로 보고, 이것으로 물질적 현상을 밝히려는 이론.

권력의지 남을 정복하고 동화하여 스스로 강해지려는 의지. 니체 철학의 중심 개념으로, 니체는 이 의지가 존재의 가장 심오한 본질이며 삶의 근본 충동이라 봄.

귀납법 개별적인 특수한 사실이나 원리를 전제로 하여 일반적인 사실이나 원리로서의 결론을 이끌어내는 연구 방법. 특히 인과관계를 확정하는 데에 사용된다.

낙천주의 세상과 인생을 희망적으로 밝게 보는 생각이나 태도.

낭만주의 꿈이나 공상의 세계를 동경하고 감상적인 정서를 중시하는 창작 태도.

데카당스 19세기 후반 프랑스에서 시작되어 유럽 전역으로 전파된 퇴폐적인 경향 또는 예술운동을 가리키는 용어

독일고전철학 18세기 후반에서 19세기 초 사이에 개화한 일련의 독일 관념론 철학.

마키아벨리즘 국가의 유지, 발전을 위해서는 어떠한 수단이나 방법도 허용된다는 국가 지상주의적 정치사상. 이탈리아의 마키아벨리가 그의 저서 「군주론」에서 처음 주장.

맑스주의 맑스와 엥겔스가 확립한 혁명적 사회주의 이론. 또는 그에 바탕을 둔 사회 운동. 변증법적 유물론과 사적 유물론, 정치 경제학의 세 부분으로 이루어져 있으며, 자본

주의 사회에 내재된 생산력과 생산관계의 모순을 극복하기 위해서는 프롤레타리아 혁명을 통하여 사회주의 사회로 이행해야 한다고 주장.

무신론철학 종교적 신의 존재를 부정하고 신앙을 거부하는 이론. 특히 인격적 의미의 신의 존재를 부정하면서 세계는 그 자신에 의하여 존재한다고 주장. 자연주의, 유물론, 실존주의 따위가 이러한 사상에 입각하고 있으며, 범신론도 무신론으로 여겨지기도 함.

변증법 원래는 문답에 의해 진리에 도달하는 방법이었으나 헤겔 이후 자연과 사유의 발전법칙을 지칭.

분석철학 과학과 일상적 언어의 여러 개념이나 명제를 분석하고, 그 의미를 밝히는 것을 목적으로 삼는 철학을 통틀어 이르는 말. 현대 영미(英美) 철학의 주류를 이루는 것으로, 주로 기호나 언어의 분석을 통하여 인식의 참과 거짓 또는 그 의미를 비판하려는 학문.

사회다윈주의 찰스 다윈의 생물 진화론을 자연과 사회의 차이를 무시하고 사회학에 도입하여, 생존경쟁과 자연도태를 '사회진화'의 기본적 동력이라고 보는 학설.

실용주의철학 19세기 후반 이후 미국을 중심으로, 실제 결과가 진리를 판단하는 기준이라고 주장하는 철학 사상. 행동을 중시하며, 사고나 관념의 진리성은 실천적인 검증을 통하여 객관적으로 타당한 것이어야 한다는 주장.

실존철학 19세기의 합리주의적 관념론이나 실증주의에 반대하여, 개인으로서의 인간의 주체적 존재성을 강조하는 철학.

실증주의 모든 초월적인 사변(思辨)을 배격하고 관찰이나 실험으로써 검증할 수 있는 지식만을 인정하려는 태도.

연역법 일반적 사실이나 원리를 전제로 하여 개별적인 특수한 사실이나 원리를 결론으로 이끌어내는 추리 방법을 말한다. 경험에 의하지 않고 논리상 필연적인 결론을 내게 하는 것으로, 삼단 논법(모든 사람은 죽는다. A는 사람이다. 그러므로 A는 죽는다)이 그 대표적인 형식이다.

염세주의철학 세계나 인생을 불행하고 비참한 것으로 보며, 개혁이나 진보는 불가능하다고 보는 경향이나 태도.

영겁회귀 니체가 그의 저서 『차라투스트라는 이렇게 말했다』에서 내세운 근본 사상. 영원한 시간은 원형(圓形)을 이루고, 그 원형 안에서 우주와 인생은 영원히 되풀이된다는 사상.

유물론철학 만물의 근원을 물질로 보고, 모든 정신 현상도 물질의 작용이나 그 산물이라고 주장하는 이론.

유적본질 포이어바흐의 철학적 중심 개념. 유적본질은 개별적인 인간에 대비되는 이성·의지·심정으로 이루어지는 보편적인 인간의 본질.

인간학 인간성의 본질, 우주에 있어서의 인간의 지위와 의의 따위를 해명하려는 철학적 연구.

주지주의철학 일반적으로 감정이나 행동보다는 지성이나 이론, 사유 따위의 지적인 것을 중시하는 사상.

파쇼 파시즘. 제1차 세계대전 후에 나타난 극단적인 전체주의적·배외적 정치 이념. 또는 그 이념을 따르는 지배 체제. 자유주의를 부정하고 폭력적인 방법에 의한 일당 독재를 주장하여 지배자에 대한 절대적인 복종을 강요. 또한 대외적으로는 철저한 국수주의·군국주의를 지향하여 민족 지상주의, 반공을 내세워 침략 정책을 주장.

포스트모더니즘 모더니즘이 확립하여 놓은 도그마, 원리, 형식 따위에 대한 거부 및 반작용(反作用)으로 일어난 예술 경향. 특히 1960년 전후의 미국·프랑스 소설의 실험적 작풍이나, 구조주의 이후의 전위적 비평을 이름. 유물론철학자들은 포스트모더니즘이 인류가 공들여 쌓아놓은 이성을 파괴했다고 주장.

합리주의 진정한 인식은 경험이 아닌 생득적인 이성에 의하여 얻어진다고 하는 태도.

함께
토론해보자!

1. 여러분이 생각하는 진정한 사랑의 형태는 어떤 모습인가요? 나아가 철학자 혹은 연예인, 정치가 등을 비판하는 데 그들의 사생활을 끌어들이는 것에 대해 어떻게 생각하나요?

2. 관념론철학자들은 철학과 종교가 양립할 수 있다고 생각하고 유물론철학자들은 절대로 양립할 수 없다고 주장합니다. 여러분은 어느쪽 철학자들의 손을 들어주고 싶나요?

3. 지구상에 종교가 발생하게 된 원인이 무엇일까요? 또 종교는 과거를 거쳐 현재에 이르기까지 어떤 역할을 해왔는지 이야기해봅시다.

4. 악이 있기 때문에 선이 존재하는 것일까요?

5. 오늘날 인간에 의한 인간의 억압이 이루어지고 있는 사례에는 무엇이 있을까요? 또 이러한 갈등의 원인을 해결하기 위해서 인류가 해결해야 할 과제가 무엇인지 생각해봅시다.

6. 과연 문명이 발전함에 따라 인류의 행복이 증가했을까요? 또, 문명의 발전이 도덕 발전에 미친 영향에 대해 이야기해봅시다.

7. 죽은 뒤에 인간의 영혼은 어떻게 될까요? 육체와 함께 소멸하는지 계속 남아있을지 토론해봅시다.

8. 여러분은 포이어바흐와 니체 가운데 누구를 따르고, 그 책들을 열심히 읽어보고 싶으세요?

스티커보드

끝까지 제1회 장가계 철학포럼의 자리를 지켜준 여러분 감사합니다. 이 토론을 계기로 자신과 자신이 속해 있는 세계에 끊임없이 질문을 던지면서 물음에 대한 답을 찾아가는 여러분이 되길 바랍니다.

이번 토론에서 여러분의 기억에 남은 철학자는 누구인가요? 그들의 발언을 떠올려보세요. 그리고 철학자들이 살아생전 외쳤던 이야기에 귀기울여 보세요. 알맞은 자리에 철학자 스티커를 붙이면서 여러분의 생각을 말해 보세요. 제2회 장가계 철학포럼의 주인공은 바로 여러분입니다.

Friedrich Wilhelm Nietzsche

결혼이 불행한 이유는 사랑이 부족해서가 아니라 우정이 결여되었기 때문이다.

신은 죽었다.

Ludwig Feuerbach

철학자의 애인은 자연이다.

인간은 인간에게 신이다.

Jean-Paul Sartre

우리는 변명의 여지없이 모두 혼자다. 인간은 자유롭도록
선고받은 존재라는 말로 내가 표현하려던 바가 바로 이것이다.

Simone de Beauvoir

여성은 태어나는 것이 아니라 만들어지는 것이다.

여성의 문제는 언제나 인간의 문제였다.

Karl Marx

임금노동이 없으면 자본도 자산계급도
자산계급사회도 있을 수 없다.

사람이라 자기의 운명을 기배이는
자유로운 자를 가리킨다.

François Bacon

악한 사람은 선한 사람인 척할 때 가장 악하다.

아는 것이 힘이다.

Coming up next?

사르트르 vs. 카뮈